JN084941

松山大学研究叢書　第110巻

日本の労使紛争処理制度

——その現状と再構築案——

村 田 毅 之 著

晃 洋 書 房

は し が き

　日本では，労働関係法規による規制が流動化するとともに，個別的労使紛争の増加，多発傾向や，既存の労使紛争制度に確認された課題等への対応として，2000年代初頭から現在に至るまでの20年ほどの間に，労使紛争処理制度の創設や改革が，多種，多様に行われた．

　労使紛争当事者にとってのみならず，制度に関わる者にとっても，労使紛争処理制度がどのような仕組みで，どのように運営されているかについては，正確に把握しておかなければならないものである．幸いなことに，明治大学法学部非常勤講師等の職で東京都在住のときは，2000（平成12）年３月まで，東京都労働経済局の当時の中央労政事務所（現在の東京都労働相談情報センター飯田橋事務所）において民間労働相談員（９年間），神奈川県の当時の横浜労働センター（現在のかながわ労働センター本所）等において外国人労働専門相談員（８年間）を務めた．

　2000（平成12）年４月に松山大学法学部に専任教員として採用されて愛媛県松山市に移ってからは，愛媛労働局労働条件紛争担当参与（１年６ヵ月）を経て，現在，愛媛紛争調整委員会委員（2021年10月１日現在通算18年）及び愛媛県労働委員会公益委員（同12年６ヵ月）を務めており，労使紛争処理の現場を肌で感じることのできる立場にある．

　日本の労使紛争処理制度の現状に関しては，拙著『日本における労使紛争処理制度の現状』（晃洋書房，2008）を公刊していたが，すでに干支が一回りする以上の長い年月が経過した．その間，各制度の変化やその運用実績等を確認し，評価を行ってきたが，とくに近年において，そのあるべき姿に近づくための再構築の必要性を強く感じるようになった．

　本書の刊行は，日本の労使紛争処理制度の再構築に向けた議論が始まることを期待して，現在の日本の労使紛争処理制度の現状を確認するととも

に，労使紛争処理の現場でのこれまでの経験を踏まえた筆者なりの再構築案を示すためのものである．

　本書の出版については，松山大学研究叢書の一書として助成金を交付していただいたことを付記する．

目　　次

第Ⅱ部　個別的労使紛争処理の現状

図 表 一 覧

第Ⅰ部　総　　　説

第1章　日本における労使紛争処理総論

第1節　日本における労使紛争の現状と
　　　　労使紛争処理制度の展開

1　日本における労使紛争の現状

　日本では，集団的労使紛争が減少し，個別的労使紛争が増加，多発する傾向が続いているというのが，共通の認識になっており，個別的労使紛争の多発傾向は，しばらく続くものと考えられている（菅野和夫「労働委員会の運営安定化と活性化」全国労働委員会連絡協議会事務局編『労働委員会七十年の歩み』（全国労働委員会連絡協議会，2016）34頁）．

　労働組合の存在度合いを測る指標となる推定組織率は，そのピーク時の1949（昭和24）年には55.8％にも達しており，労働者の2人に1人は労働組合員であったという時代があった．しかし，徐々に低下する傾向にあり，最新の数字である2020（令和2）年6月30日現在の推定では，前年比で0.4％の上昇となったものの，17.1％となり（厚生労働大臣政策統括官付参事官付雇用・賃金福祉統計室令和2年12月16日発表「令和2年労働組合基礎調査の概況」3頁），労働組合員が労働者の5人に1人にも満たない状況に至っており，集団的労使紛争は，長期的に減少してきている．

　また，労働組合が存在し，集団的労使関係の歴史の長いところでは，安定した労使関係が定着することにより，労使間の自主的な紛争予防機能が向上し，また紛争が生じたときにも自主的解決機能が向上していることにより，顕在化する集団的労使紛争が減少するところとなっている（山川隆一「労働紛争の変化と紛争処理システムの課題」『岩波講座現代の法12職業生活と法』（岩

波書店，1998）214頁）．

　推定組織率の低下は，国全体として見た場合の，労働組合の個別的労使紛争解決力を低下させる要因となる．加えて，働き方改革にも大きく関連する新たな賃金・処遇制度の導入や，有期雇用労働者や派遣労働者等の非正規労働者の増大等にみられる①「人事・雇用管理制度の変革」や，権利意識の高まりや私生活を重視する傾向，長期勤続志向の低下等の②「労働者の意識の変化」，③「その時々の経済の好不況の波」，④「労働関係法規の複雑さ」，⑤「個別的労使紛争処理制度の改革や創設」，コロナ禍によるものに代表されるような⑥「雇用情勢の急激な悪化や変化」等が，個別的労使紛争を増加，多発させている（拙著『入門個別的労使紛争処理制度――社労士法第8次改正を踏まえて――』（晃洋書房，2017）2〜5頁）．

2　日本における労使紛争処理制度の展開

　個別的労使紛争が増加，多発する状況から，個別的労使紛争に対処する新たな制度が必要であるということが一般に認識されるようになり，30年ほど前から，関係機関や利害関係団体などの間で，議論が重ねられて，2000年代初頭から日本における個別的労使紛争処理制度は急展開を見せた（労働審判制度導入時点までの展開については，拙著『労使紛争処理制度――新局面への軌跡――』（晃洋書房，2007）参照）．

　個別的労使紛争処理制度の展開に呼応するように，労働関係法規に詳しく，高い専門性を持って労使の現場に直接関与してきた唯一の国家資格者である社会保険労務士も，2003（平成15）年4月1日施行の社労士法第6次改正から，2006（平成18）年3月1日及び2007（平成19）年4月1日施行の第7次改正，そして2015（平成27）年4月1日施行の第8次改正により，労使紛争処理制度への関与を徐々に深化させ（拙稿「日本における労使紛争処理制度の展開と社会保険労務士法の改正」松山大学論集30巻5‐1号（2018）392〜399頁），とくに増加，多発する個別的労使紛争を抱えた紛争当事者を支える人材としてのみならず，個別的労使紛争処理機関を支える人材としても，

重要な役割を担うようになってきている（拙稿「日本の労使紛争処理制度における社会保険労務士の存在意義」松山大学総合研究所所報106号（2019）34〜48頁）.

第2節　日本の労使紛争処理制度の特徴

1　個別的労使紛争処理制度は複線型システム

　日本の労使紛争処理制度の特徴として，まず指摘すべきなのは，個別的労使紛争処理制度は複線型のシステムである，ということである.

　裁判所における訴訟手続だけでも，民事通常訴訟に加えて，民事保全法に基づく仮処分手続も利用することができる. また，ADR（Alternative Dispute Resolution）と呼ばれる裁判外紛争解決手続においては，裁判所においても，日本におけるADRの優等生と言われている民事調停に加えて，個別的労使紛争の処理に特化した労働審判手続も用意されている.

　また，行政型ADRも，国（厚生労働省）の地方機関である都道府県労働局で運営されている個別労働紛争解決促進法や雇用機会均等法等に基づくあっせんや調停の制度に加えて，都道府県の組織として，労働委員会が，東京都や兵庫県，福岡県を除いて，あっせんサービスを提供するとともに，東京都や神奈川県，大阪府，福岡県，大分県では，労政主管事務所が労働相談の延長としてあっせんを行っている. その結果，問題であるとして議論が活発化しているわけではないが，いわゆる「二重行政」とも評価できる状態になっている.

　さらには，民間型ADRも，社会保険労務士の都道府県会と連合会が個別的労使紛争処理に特化したあっせんサービスを提供するものとして全国展開している社労士会労働紛争解決センターだけではなく，一部の弁護士会が運営する紛争解決センターや司法書士会が運営する調停センター等も，民事紛争の和解仲介サービスの一環として，個別的労使紛争にも対応している.

　その結果，それぞれの制度の役割分担や連携等，有効活用に向けた検討

が必要な段階に至っている（山川隆一『労働紛争処理法』（弘文堂，2012）50頁）．また，選択肢が多いことから利用者にとって分かりにくく，利用者目線でのガイドラインが必要となっている（各制度における手続の運用，労使紛争処理の実態を踏まえて，制度選択の視点ともなりうる制度の特徴について考察を試みたものとして，拙稿「個別的労使紛争処理制度選択に際しての制度の特徴に関する一考察」松山大学論集32巻松山大学大学院法学研究科開設記念特別号（2021）241～271頁がある）．

2　労使紛争処理に民事訴訟が有効に機能していない

　労働関係民事紛争に関して，強制力を持って最終的決着を図る唯一の場である民事訴訟が，処理に要する時間や費用負担等の面からすると，労使紛争を処理するものとして，必ずしも有効に機能しているとはいえないということも，日本の労使紛争処理制度の顕著な特徴である．

　まず，民事通常訴訟においては，処理に多くの時間を要している．民事訴訟法の改正や手続運用の改善等により，労働関係民事通常訴訟も，長期的には短縮化傾向にあり，昔と比べると，非常に多くの時間を要するものとはなっていない．しかし，この数年は長期化する傾向にあり，1年を優に超える手続になっている．2020（令和2）年の平均審理期間も，15.9カ月となっている（最高裁判所事務総局行政局「令和2年度労働関係民事・行政事件の概況」法曹時報73巻8号（2021）53頁）．民事通常訴訟全体の数字では9.9カ月となっている（最高裁判所事務総局民事局「令和2年民事事件の概況」法曹時報73巻11号（2021）104頁）ので，1.6倍ほどの時間がかかっている．その結果，例えば解雇事件においては，解雇無効ということになると，バックペイ（賃金の遡及支払）の額も大きくなるという，マイナス面が際立つことになる．

　最近，長期化する傾向があることの要因は，比較的短期に処理することができる事案が労働審判手続に流れ，その結果として，時間のかかる複雑困難な事案が相対的に多く民事通常訴訟に持ち込まれるようになっていることと，限られた人数の裁判官で対応しているなかで，事件数が高止まり

の傾向にあることから抱える事件が多くなっていることにより，結果として事件を迅速に処理できない事態に至っていることにあると，推定されている．

　民事通常訴訟に持ち込まれることが多くなっている複雑困難な事案の具体例としては，解雇事案において，地位確認や賃金支払に止まらず，加えて退職強要やパワハラによる損害賠償を求めるものや，残業代請求事案，労働災害の可能性もあるメンタル不調の労働者の解雇・辞職・復職事案等が指摘されている．

　次に，民事訴訟に関しては，労働関係事件に限られることではないが，都道府県労働局や都道府県労働委員会等のような行政型ADRとは異なり，訴えの際に，大きな額ではないものの，訴訟費用の負担を求められることになる．加えて，訴訟手続が面倒なことと，労働法解釈の専門性が高いことから，労使いずれの側においても，弁護士に代理人を依頼して，相手方と戦うことが得策ということになるが，弁護士に要する費用が非常に高く，大きな負担となる．まず依頼の際に着手金の用意が必要となり，また，紛争目的価額の小さい事件では費用倒れの心配も出てくることになり，提訴できない事態に至ることも稀ではない．条件が合えば，法テラスによる無料相談や民事法律扶助も利用可能ではあるが，一般の労働者にとっては，費用のみならず，弁護士へのアクセス自体も容易なものではない．弁護士に代理行為を依頼するには，まず法律相談を受けることになるのが通常であるが，法律相談料の確実な徴収の趣旨等で，相談自体に関しても，誰かしかるべき人の紹介なくしては対応しないことにしている弁護士も少なくない．

　日本の民事訴訟法では，弁護士に依頼しない形の「本人訴訟」も認められており，一生懸命勉強して，当事者自身で民事訴訟を遂行すれば費用の負担は大きく抑えられるが，とくに相手方が弁護士を立てた場合には，法律の専門家を相手に法廷で争うことになり，心理的負担も増し，本来勝訴できる事案においても敗訴する危険性が高くなることもある．

　以上で述べた労働関係民事通常訴訟において紛争当事者に重くのしかかる時間や経済的費用の負担が，あっせんや調停による解決というADRの存在意義を際立たせていると思われる．「時は金なり」と言うが，時間のみならず，経済的な側面においても，労働関係民事通常訴訟に関しては，労働関係民事紛争を解決するための合理的なものとは到底言えないものとなっているという評価が妥当する．民事訴訟や労働審判手続において多くの労働事件に関わった有名な元裁判官で，現在弁護士の職にある方も，訴訟は，「時間と費用がかかり，コストパフォーマンスが悪い」という表現をしておられる（「2016年4月25日第6回透明かつ公正な労働紛争解決システム等の在り方に関する検討会議事録」（参考人：難波孝一）厚生労働省HP）．

　なお，労働関係民事通常訴訟においては，例年，その6割前後が和解で終了している．2020（令和2）年にも60.7％が和解で終了し，判決に至るのが23.7％と僅か4分の1程度になっている（最高裁判所事務総局行政局「令和2年度労働関係民事・行政事件の概況」60頁）．労働関係民事通常訴訟の6割以上が和解で終了しているという事実は，労働関係民事紛争は，民事訴訟のような「判定」で白黒付けなければならない事件ばかりではない，ということの証左ということができる．

　判決に至る23.7％の事件において，その一部でも請求を認容する勝訴判決が占める割合は63.2％となっており（最高裁判所事務総局行政局「令和2年度労働関係民事・行政事件の概況」60頁），判決の36.8％，つまり10件に4件程度は，まったく空振りで，請求棄却ないしは訴え却下の判決で終わっている．民事訴訟全体でみた場合の勝訴判決の割合の86.7％（最高裁判所事務総局民事局「令和2年民事事件の概況」102頁）と比べると，非常に低い数字になっている．労働関係民事通常訴訟は，勝訴に持っていくのが，通常の民事事件よりも明らかに難しい事件類型といえる．なお，和解ができず判決に至った労働関係事件は，その上訴率も50％程度と高く，一般の民事事件が20％程度であるのと非常に対照的になっており，和解できない労働事件については，とことん争う傾向があると指摘されている（房村精一「労働委員会と裁判所手

続きの相違と判断」月刊労委労協2015年4月号17頁）.

　労働関係民事通常訴訟では，事件の6割以上が和解で終わることもあり，原告が訴訟に至る本来の目的である「原告勝訴判決」に至る割合は，提訴された事件全体でみると14.6％（23.7％×63.2％），すなわち7件に1件程度という小さい数字となる.

　最近では，およそ法的に通らないような過大な割増賃金請求や，判例の傾向に照らして当然有効と判断されるような解雇の案件でも，労働審判や民事訴訟を仕掛けてくる弁護士も出てきているとの指摘があり，それは，日本労働弁護団（労働者及び労働組合の権利擁護活動を行う弁護士の全国組織）に属さない弁護士も，労働審判手続の導入による個別的労使紛争の増加により，積極的に労働関係事件に乗り出してきているということが一因とみられているが（横山直樹「対談労働者側弁護士×使用者側弁護士が語る労働紛争における和解選択・交渉の着眼点」ビジネス法務2018年10月号41頁），そういった動向も労働関係民事通常訴訟における勝訴判決の割合をさらに低下させる要因になるであろう.

　結局のところ，労働関係民事通常訴訟においては，その半分以上が和解で終了している事実や，原告勝訴判決の割合が高くないということからすると，労使紛争の当事者が，自分の法的立場を正しく理解，認識しながら進められる手続であれば，あっせんや調停といったADRの場で解決するほうが，労使いずれの当事者にとっても，まさに合理的で，実際的な選択肢となると解することができる.

3　専門性の高い法律専門職である社会保険労務士の直接的関与

　労働関係法規に特化した唯一の国家資格者であり，法律専門職である社会保険労務士が，労使紛争処理制度への直接的関与を徐々に深化させ，労働関係ADRにおける代理業務や訴訟手続における補佐業務等により，制度を支える重要な人材となっているということも，日本の労使紛争処理制度の顕著な特徴であるということができる（社会保険労務士制度の歴史や社会

保険労務士業務の展開について理解するための最適の書として,「ミスター社労士」という存在の大槻哲也全国社会保険労務士会連合会名誉会長著『世界に冠たる士業「社会保険労務士」のすべて　源流から大河へ,そして大洋へ』(中央経済社, 2021) がある.また,社会保険労務士の最新の姿を確認できるものとして,全国社会保険労務士会連合会『社会保険労務士白書～新しい時代に求められる社労士の役割～』(2021) が刊行されている).

　社会保険労務士は,2003 (平成15) 年4月1日施行の第6次社会保険労務士法改正により,都道府県労働局の紛争調整委員会によるあっせん手続において,紛争当事者の代理をすることができるものとされていたが,社会保険労務士の人事労務管理に関する専門性の有効活用や,個別労働関係紛争に関するADRの利用促進を図るため,2007 (平成19) 年4月1日施行の第7次社会保険労務士法改正により,所定の研修を受けて「紛争解決手続代理業務試験」に合格し,その旨を付記した「特定社会保険労務士」に関しては,第6次改正で認められていた社会保険労務士の代理業務に付されていた限定が解かれ,手続係属中においては相手方との交渉や和解契約の締結までも行うことのできる紛争解決手続代理業務が認められた.また,紛争調整委員会によるあっせん手続に加えて,紛争調整委員会による調停手続や,個別労働関係紛争に関する都道府県労働委員会におけるあっせん手続や,社労士会労働紛争解決センターなどのような民間型ADRにおいても,紛争解決手続代理業務が認められるところとなった.

　そして,2015 (平成27) 年4月1日施行の第8次社会保険労務士法改正では,すべての社会保険労務士が,労働関係事件において,訴訟代理人の弁護士とともに裁判所に出頭し,陳述することが認められるとともに,個別労働関係紛争に関する民間型ADRにおいて,特定社会保険労務士が単独代理できる紛争目的価額の上限が,60万円から120万円に引き上げられた.

　労使紛争処理制度への直接的関与の経験が,社会保険労務士による使用者への現場の労務管理のサポートに活かされ,労使紛争の予防にも大きく

貢献することが期待できるようになっている．

　社会保険労務士制度は，日本においては，その法的根拠となる社会保険労務士法の施行から50年を迎えているが，グローバルなものではない．近年，全国社会保険労務士会連合会の支援により，インドネシアが，日本の社会保険労務士に類似した制度を発足させている．また，労使紛争処理の視点からすると，日本の制度よりも進んでいると思われる韓国の公認労務士制度が知られるところとなっていた．

　加えて，最近，スペイン，イタリア及びルーマニアの社会保険労務士に類似した法律専門職の制度の存在が明らかになっている．このヨーロッパ3カ国の制度では，ADRにおける労働紛争解決にも関与が認められ，あっせん等において，当事者の代理人となることが認められている．ルーマニアの制度では，団体交渉において使用者の代理人となることが認められている．スペインの制度では，法廷においても代理人となることが認められている（上村俊一「ILO，ヨーロッパも注目する社労士制度」月刊社労士2018年7月号80〜83頁）．

　日本の労使紛争処理制度の将来像，理想像の検討に当たっては，日本の社会保険労務士制度に類似した，こういった3カ国の制度や韓国の制度が大きな示唆を与えてくれるものと思われる．

第3節　労使紛争処理の流れ

　労使紛争がいかに発生し，いかに処理されるかを具体的にイメージしていただくために，次頁の図1-1に，現在の日本の労使紛争処理制度を前提とした労使紛争処理の流れとして，個別的労使紛争からスタートする典型的な1つのパターンを示しているが，本書においては，基本的に，その流れに合わせた順番で，第2章から第7章において，現在の日本の労使紛争処理制度の現状を確認し，検討している．

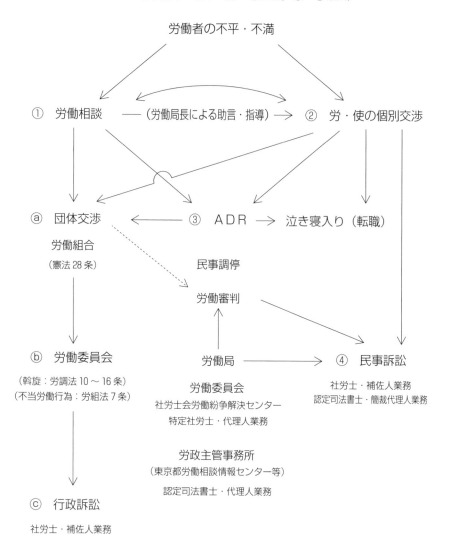

図 1-1　労使紛争の流れ（①〜④個別，ⓐ〜ⓒ集団）

労働者の不平・不満

① 労働相談　——（労働局長による助言・指導）→　② 労・使の個別交渉

ⓐ 団体交渉　←——　③ ＡＤＲ　→　泣き寝入り（転職）

労働組合

（憲法 28 条）

民事調停

労働審判

ⓑ 労働委員会　　　　　労働局　————→　④ 民事訴訟

（斡旋：労調法 10 〜 16 条）

（不当労働行為：労組法 7 条）

労働委員会

社労士会労働紛争解決センター

特定社労士・代理人業務

社労士・補佐人業務

認定司法書士・簡裁代理人業務

労政主管事務所

（東京都労働相談情報センター等）

認定司法書士・代理人業務

ⓒ 行政訴訟

社労士・補佐人業務

1　労働者の不平・不満から労働相談──労使紛争の顕在化

　労使紛争発生の端緒となるのは，通常は，なんらかの原因から発生する，労働者側の使用者に対する不平・不満であり，その発生により，労使紛争が潜在的に存在する状況になる．

　それが都道府県労働局の総合労働相談コーナーや都道府県労働委員会，労政主管事務所，社労士会の総合労働相談所等の労働相談窓口に持ち出されることにより，ソフトに顕在化することになる（①の段階）．

　たとえば，都道府県労働局の総合労働相談コーナーには，年間100万件を超える相談が寄せられており，民事訴訟にも発展する可能性のある民事上の個別労働紛争も，毎年20万件を超えている．

2　労働相談を受けて労働者と使用者が直接交渉

　労働者が労働相談を受けて，自分が使用者に対して抱いている不平・不満が法的にみてどのようなものなのかを確認し，納得して終わることもある．使用者側の対応に問題があり，自分の言い分に理があるということを確認できたときには，使用者側と直接，個別に交渉をすることもあり，これにより，労使紛争が，明確に，顕在化することになる（②の段階）．

　労使紛争当事者が，紛争の解決について援助を求めた場合には，個別労働紛争解決促進法に基づく，都道府県労働局による助言・指導が行われることもある（①労働相談から②労・使の個別交渉への途中段階）．都道府県労働局による助言・指導は，いわゆる行政指導とは異なり強制力のないものであるが，事案の内容によっては解決に向けての具体的なアドバイスが行われることもあり，それにより労使間の直接の交渉が奏功し，解決に至ることも少なくなく，前向きの使用者にとっては，労務管理改善の好機となりうるものとなる．

　労働者が労働相談を経由せず，いきなり，その不平・不満を使用者側にぶつけて，労使間の直接の話し合いという形で労使紛争が顕在化することもありうる．また，労働者側の行動を問題視して，使用者側から，労使紛

争を顕在化させることもある．労使間の直接交渉により和解が成立し，解
決に至ることもありうる．

　使用者が，人事・労務管理に関して，社会保険労務士の専門的な支援を
受けているときには，使用者は，社会保険労務士とともに，労働者との直
接交渉に臨むことになるのが通常となる．社会保険労務士は，使用者とと
もに，労働者の不平・不満の解消に努力するとともに，その原因が使用者
側にあるときには，その改善を使用者側に促すことになる．

　和解ができないときには，労使紛争処理制度としては，より積極的な段
階となるADRや民事訴訟に進むこともある．労働者としては，不満を抱
えたまま泣き寝入りして就労を継続するとか，退職するといった消極的な
選択をすることもあり，労働生産性を大きく低下させる可能性の高い事態
となり，使用者としても大きな損失となる可能性がある．

3　A D R

　直接交渉により和解ができないときに，通常多く想定されるのは，個別
的労使紛争として，まずはADRに進むことになり（③の段階），ADRのな
かでも，非常に簡便に利用できる，都道府県労働局や都道府県労働委員会，
社労士会労働紛争解決センター等のあっせんを利用するための申請をする
ことになる．これらの制度は，各自，労働相談窓口を持っていることが多
く，その窓口から誘導されて，それぞれの制度に至ることが通常となる．

　都道府県労働局等の簡便なあっせん等で解決できないときには，積極的
な選択肢としては，ADRに位置付けられるものであるが，簡易裁判所で
の民事調停や，地方裁判所において強力に解決を導く労働審判手続が用意
されている．労働審判手続では，調停成立と労働審判に異議無しの合計で
8割程度は解決により終結することになる．しかし，いずれも費用負担が
あり，また，労働審判手続では弁護士による代理行為が原則として求めら
れ，労働者においては，その費用負担や弁護士へのアクセス困難等に直面
して，あきらめて泣き寝入りすることも少なくなく，在職の労働者につい

ては転職を考えることになるという消極的な選択を余儀なくされることも少なくないのが実情となる.

　なお, 一つのADRにおけるあっせんや調停が不成功に終わったときに, 紛争当事者が紛争の解決を求めて, さらなる手続に進もうとする場合, 直ちに, より重い手続とも言える労働審判手続や民事訴訟に進むことが得策となるものではないことに留意する必要がある. たとえば, 都道府県労働局のあっせんで解決できなかった事件が, 都道府県労働委員会や社労士会労働紛争解決センター等のあっせんで和解により解決をみるというように, 同レベルとも言えるADRを複数経ることにより解決に至るということも珍しいことではない. 紛争当事者が, 最初のADRにおける経験により, ADRのメリットを認識した上で, より合理的に判断, 対応することができるようになり, それによって和解成立の可能性が高まるということがある. そのため, 都道府県労働局等の簡便なあっせん等が打ち切り等で未解決のまま終了するときには, 担当の委員や事務局職員は, 紛争当事者に対し, そういった選択肢もあることを教示することが通常となっている.

4　民事訴訟

　労使紛争がADRで解決できないときに, 紛争当事者は, やむなく民事訴訟に打って出ることもある (④の段階). 労働関係の民事紛争に関して, 最終的解決を強制的に導いてくれる唯一の制度が, 民事訴訟である. 労働審判手続で解決できなかったものは, 自動的に, 民事通常訴訟に移行することになる.

　紛争目的価額が低い労働事件に関しては, 簡易裁判所において, 訴額140万円以下の民事通常訴訟や60万円以下の金銭支払に関する少額訴訟という簡便な手続を利用することもできる.

　民事訴訟において, 当事者が弁護士に代理業務を依頼したときには, 労使の紛争の現場を把握している社会保険労務士が, 代理人の弁護士とともに補佐人として出廷して意見陳述ができるものとされており, 労働事件に

適用される労働関係法規に関する高い専門性に裏付けられた補佐行為により，紛争当事者にとって納得性の高い和解の成立や労働関係法規の趣旨に沿った的確な判決の形成に貢献することが期待できるようになっている（拙著『入門個別的労使紛争処理制度——社労士法第 8 次改正を踏まえて——』21頁）．

5　団 体 交 渉

　労働者が，労使間の直接交渉を求めず，あるいは直接交渉が上手くいかなかったときに，組合員であれば，自分の会社の労働組合に助けを求めることがある．自社の労働組合が積極的に支援をしてくれないときや，自分の会社に労働組合がないときには，地域のユニオン（合同労組）に助けを求めて，その労働相談窓口から，組合加入に至るということもある．

　労政主管事務所では，地域の労働組合のリストを持ち，労働相談を受けるなかで，労働組合の支援を求める労働者に対しては，積極的に労働組合に関する情報を提供しているところも少なくない（拙稿「労政主管事務所における労使紛争処理の現状」松山大学総合研究所所報92号（2017）41頁）．また，ユニオン自体も，HPなどを活用して，労働者向けの，独自の労働相談の窓口の広報に努めているところが多くなっている．

　組合員が使用者側とのトラブルを抱えている場合，労働組合は，使用者側に，団体交渉の申し入れを行い，解決するように努めることになる．これにより，もともとは個別的労使紛争であったものが，集団的労使紛争に変化することになる（ⓐの段階）．

　個々の組合員が抱える使用者側とのトラブルを団体交渉により解決することは，他の組合員や非組合員に対して，労働組合の存在意義を明確に示すものとなる．

6　労働委員会

　労働組合からの団体交渉の申し入れに対し，使用者が，これを拒絶したり，誠実に応じなかったりするときに，日本の労働組合が採る打開策は，

近年においては，ストライキなどの争議行為に打って出ることではなく（いわゆるブラック企業対策として，ストライキの有効性を説く好著として，今野晴貴『ストライキ2.0ブラック企業と戦う武器』（集英社，2020）がある），労働委員会に対する労働関係調整法に基づく斡旋の申請や，不当労働行為の申立てが典型的なものとなっている（ⓑの段階）．

　まず，組合員が抱えている問題に関する「団体交渉の促進」を対象事項として，労働関係調整法に基づく斡旋の申請を行い（労調法12条），斡旋が奏功せず打ち切られた後には，使用者が団体交渉に誠実に応じないとして，不当労働行為（団体交渉拒否，労組法7条2号）の申立てを行うというのが，典型的なパターンとなっている．

　都道府県労働委員会の不当労働行為審査手続において，団体交渉拒否の不当労働行為があったと認定されると，団体交渉に誠実に応じなさいという救済命令が発せられる．不当労働行為と認定できないときは，申立てを棄却する命令が発せられる．当該命令に不服の当事者は，中央労働委員会に再審査を求めることができる．

7　行政訴訟

　都道府県労働委員会の命令や，中央労働委員会の命令に不服の当事者は，地方裁判所に，命令の取消を求める行政訴訟を提起することができる（ⓒの段階）．

　不当労働行為事件として行政訴訟になったときにも，当事者が弁護士に代理業務を依頼したときには，社会保険労務士が，代理人の弁護士とともに出廷して，補佐人としての業務ができる．社会保険労務士の訴訟における補佐人業務を念頭に置くと，労使紛争に労働組合が関わったときには，使用者としては，団体交渉の時点から，集団的労使関係法に詳しい社会保険労務士に密接に関与してもらうということが得策ということになる（拙著『入門個別的労使紛争処理制度――社労士法第8次改正を踏まえて――』（晃洋書房，2017）23頁）．

8　集団的労使紛争から個別的労使紛争へ

労働委員会の不当労働行為審査手続が非常に時間のかかる手続になっていることから，団体交渉が行き詰まったときに，合理的で，誠実な労働組合は，労働者のために，労働審判手続を活用して，早期の解決を目指そうとすることも少なくない．

また，解雇や賃金等の問題についての団体交渉継続中に，団体交渉には誠実に応じながらも，権利義務に基づく解決を志向して，使用者の側から労働審判手続を申し立てることもある（和田一郎弁護士発言「座談会労働審判創設10年──労働審判制度の評価と課題──」ジュリスト1480号（2015）21頁）．

以上のような場合は，個別的労使紛争であったものが集団的労使紛争となり，また個別的労使紛争に戻るという流れになる（ⓐ団体交渉から③労働審判への破線ルート）．

第 4 節　公的労使紛争処理機関に要する社会的費用

1　公的労使紛争処理機関に要する社会的費用の問題

現在，労使紛争に対処する制度は，公的なものだけでも，民事訴訟，行政訴訟，労働審判，民事調停，都道府県労働局の紛争調整員会のあっせんや調停，労働委員会の不当労働行為制度や調整手続，都道府県労働委員会のあっせん，労政主管事務所のあっせんと，実に多様なものとなっており，すでに，制度維持に要する人的資源や投じられている社会的費用の合理性を論じる段階になっているのではないかと思われる．

近年において，訴訟を契機として都道府県労働委員会の労働委員の報酬に関して論議が一時的に巻き起こったが，日本の労使紛争処理制度全体を見据えての議論にまで発展することはなかった．日本の労使紛争処理制度の再構築を考えるにあたっても重要な問題であり，公的労使紛争処理機関に要する社会的費用を検討する題材として，都道府県労働委員会の労働委員の報酬の現状を確認しておくことにする．

2　都道府県労働委員会の労働委員の報酬に関する裁判とその影響

　ほとんどの労働委員会の労働委員の報酬は月額報酬制であった．しかし，滋賀県の労働委員会などの行政委員会の委員に月額報酬を支給していることは違法であるとして，滋賀県知事に，その支出の差止めを求めた訴えが起こり，2009（平成21）年 1 月22日の 1 審の大津地裁判決（大津地判平成21・1・22判時2051号40頁）は，原告の請求を全面的に認容した．

　この判決を契機に，2010（平成22）年度から，行政委員の月額報酬制の見直しを求める風潮が全国的に広がり始め（安藤高行「行政委員会委員の報酬に関する最高裁判決について」月刊労委労協2012年 4 月号35頁），2 審の大阪高裁判決（大阪高判平成22・4・27判タ1362号111頁）も，選挙管理委員会委員長を除いては 1 審判決を支持するところとなり，月額報酬制から，日額報酬制ないし月額日額併給制へと，流れとしては報酬を切り下げる方向に大きく動くところとなった（月額報酬制の適法性，合理性を論じた説得力のある論稿として，田中誠「労働委員会委員報酬の月額制は違法ではない」月刊労委労協2010年 7 月号51〜73頁がある）．

　2011（平成23）年12月15日に下された最高裁判決（最判平成23・12・15裁時1546号 1 頁）は，委員会の委員等について，その報酬の支給方法及び金額を含む内容に関しては，議決機関である議会による「諸般の事情を踏まえた政策的，技術的な見地からの裁量権に基づく判断に委ねたものと解する」とする逆転判決を下して，この問題に法的決着を付けた．しかし，この最高裁判決も，委員の報酬を切り下げる方向への流れに大きな影響を与えることにはならなかった．

3　都道府県労働委員会の運営に要する費用

1）　委員の報酬

　都道府県労働委員会の委員の報酬は，都道府県により，その条例で定められており，多様なものとなっており，月額報酬制，日額報酬制そして月額日額併給制の 3 つの形態に分かれている．

　2021（令和3）年4月1日現在，月額報酬制が15の労働委員会，日額報酬制が14の労働委員会，月額日額併給制が18の労働委員会となっている．日額報酬制と月額日額併給制では，月々の報酬が稼働日数に応じて変動することになる．

　月額報酬制から日額報酬制や月額日額併給制に変更された労働委員会においては，不当労働行為事件等の対応する案件の多いところでは，実際の支払報酬額に大きな減少は見られない．しかし，対応する事件が少ないところでは，従来の月額報酬の半額にも満たない額に減少しているところも少なくない．

　都道府県労働委員会の労働者委員は，その地域の労働組合役員が占めており，その報酬が引下げられたことは，日本における労働組合運動に対する大きな打撃にもなったことは否定できない．

　2）　月額報酬制
　月額報酬制では，その稼働日数にかかわらず定額の報酬が支払われることになる．

　一番低い福井県労働委員会では，会長は17万円，会長代理は16万5000円，公益委員は16万円，労働者・使用者委員は14万円となっている．

　月額報酬制において，その高さで一番と二番を占めているのは，個別的労使紛争を扱っていない東京都労働委員会と兵庫県労働委員会である．すべてのなかで最も高い東京都労働委員会では，会長は52万3000円，会長代理・公益委員は46万7000円，労働者・使用者委員は42万9000円となっている．これは非常に高額という印象を受けるが，不当労働行為事件等の対応する案件が非常に多く，高い報酬でも見合わないほどの稼働日数になっている労働委員がほとんどである．

　個別的労使紛争に対応している労働委員会で最も高い京都府労働委員会は，会長は27万9000円，会長代理・公益委員は26万9700円，労働者・使用者委員は25万1100円となっている．

3）　日額報酬制

日額報酬制を採り，その日額が一番高いのは，神奈川県労働委員会で，会長が日額 4 万1400円で，公益・労働者・使用者委員は 3 万7600円となっている．

一番低いのは，会長に関しては滋賀県労働委員会の 2 万7800円，会長代理及び公益委員に関しては佐賀県労働委員会の 2 万4300円，労働者・使用者委員に関しては富山県労働委員会の 2 万4000円となっている．

4）　月額日額併給制

月額日額併給制を採る労働委員会のなかで，公益委員の月額が一番高い愛知県労働委員会においては，月額報酬が，会長は18万円，会長代理は17万5000円，公益委員は16万3000円，労働者・使用者委員は14万6000円，稼働日数に応じた日額が，会長は 2 万6000円，その他の委員は 2 万4000円となっている．

公益委員の月額が一番低い香川県労働委員会においては，月額報酬が，会長は 4 万1000円，会長代理・公益委員は 3 万8000円，労働者・使用者委員は 3 万1000円，稼働日数に応じた日額が，会長は 3 万円，その他の委員は 2 万8000円となっている．

5）　労働委員会運営の事業費

労使紛争処理に対応する委員に対する報酬に加えて，事務局を構成する公務員や常勤職員の給料も，費用として必要になる．

個別的労使紛争処理による活性化モデルとも言うことのできる鳥取県労働委員会は月額報酬制（会長19万2000円，会長代理・公益委員15万7000円，労働者・使用者委員13万6000円）を維持している．また，年間の事業費を公開しており，2019（令和元）年度の当初予算は，事務局費が5814万3000円，委員会費が3927万1000円で，合計9741万4000円となっている（鳥取県労働委員会『令和元年版鳥取県労働委員会年報』（2020） 4 頁）．事務局費は，そのほとんどが正

職員8名で構成されている事務局職員の人件費に充てられ，残りは200万円弱の事務費になっている．委員会費は，2500万円程度の委員報酬が大きな割合を占め，残りが活動費（旅費や事件等の事務費）として使われる．

　日本で人口が最も少ない鳥取県（令和3年9月1日現在，54万9498人）の労働委員会においても，毎年，1億円近い税金を投入しているということになる．

4　公的労使紛争処理機関に要する社会的費用の検討

　都道府県労働局の紛争調整委員会のあっせん（調停）委員の報酬は，日当制であり，1日手取りで1万7158円となっている．労働審判員の報酬は，稼働時間に応じた日当制で，都道府県労働局の報酬と同程度のようである．この金額だけに注目すると，都道府県労働局や裁判所の制度は経済的であり，これに対して，労働委員会は高コストと評価されるかもしれない．しかし，まず，紛争調整委員会のあっせん（調停）委員や労働審判員の報酬が妥当かどうかの検討が必要となる．

　紛争調整委員会のあっせん（調停）委員や労働審判員が，あっせん期日や労働審判期日において手続そのものに費やす時間は，2～3時間程度とみることができるが，事件を担当するに至るまでの担当官や書記官との調整に要する時間や，事前に必要とされる事件内容の検討に要する時間など，期日の事前・事後に要する時間も費やされることになる．そういった時間には，何の報酬もなく，委員や審判員の経験や専門能力の高さからすると，まったく見合わない，低すぎる報酬ということができる．現状では，委員や審判員のボランティア的な気持ち，社会貢献の意識に依存しすぎている面が強いと言うことができる．

　福岡県労働委員会の元会長で，紛争調整委員会のあっせん委員の経験も豊かな野田進九州大学名誉教授は，紛争調整委員会のあっせんに関して，「あっせん1回につき2万円を下回る金額（税引き）である．朝からあっせんの準備を始めて，午後すぐから合意形成のためのハードなあっせん作業

に取り組む，1日がかりの仕事に対する報酬である．……弁護士さんにとっては，喪失した活動機会を考えるならば，まったく金銭的には割の合わない仕事であろう」と述べる（野田進『労働紛争解決ファイル～実践から理論へ～』（労働開発研究会，2011）120頁）．

　また，都道府県労働委員会は，労働組合法に基づく不当労働行為救済制度の運営や労働関係調整法に基づく調整手続の運営をもしていることから，個別的労使紛争処理のみを行っている制度と，単純に比較することは，必ずしも合理的なことではない．集団的労使紛争は，個別的労使紛争以上に，解決基準が明確になっていないことも多く，また，影響を受ける関係者も多いことが通常であることから，委員としては，日常的に，関係する事項に関して学識を深めるための研鑽が必要となり，労働委員会の場で行う労務が，委員としての職務の一部に過ぎないことを認識する必要がある．

　処理実績の少ない労働委員会に関しては，費用対効果の面から，問題視する見解もあり得るとは思われる．しかし，事件が申立てられれば，すぐさま対応を求められるのが労使紛争処理機関であり，常に，必要とされる高いレベルの専門性を維持するためには，それ相応の費用をかける必要があるのは，当然のことと言わざるを得ない．

　いずれにせよ，日本の労使紛争処理制度の再構築を考えるにあたっても，公的労使紛争処理機関に費やす社会的費用を全体として検討し，合理的なものに近づける努力をすべき段階を迎えていると思われる．

第Ⅱ部　個別的労使紛争処理の現状

第2章　都道府県労働局における個別労働紛争解決制度

第1節　総合労働相談

1　都道府県労働局における個別労働紛争解決制度の展開

1)　都道府県労働局

都道府県労働局は，2000（平成12）年4月1日に，厚生労働省（2000年12月までは労働省）の地方機関である労働基準局，女性少年室及び都道府県の職業安定課・雇用保険課を統合したものであり，都道府県ごとに47設置されている．

都道府県における国の労働行政機関（厚生労働省）として，地方公共団体等と連携を図り，総合的な労働行政を推進するとともに，労働基準監督署や公共職業安定所（ハローワーク）を統括している機関である．

2)　個別労働紛争解決促進法の施行と雇用機会均等法等の改正

都道府県における国の労働行政機関としては，労働基準部が，1998（平成10）年10月施行の労働基準法105条の3により労働条件に関する紛争解決援助制度を所管していたが，2001（平成13）年10月施行の個別労働紛争解決促進法に基づく，総合労働相談，労働局長による助言・指導及び紛争調整委員会によるあっせんからなる総合的な個別労働紛争解決制度で，個別労働紛争の処理に本格的に乗り出す際に，紛争当事者が解決を強制される懸念を払拭するために，運営する事務局及び担当者は，労働基準法等の監督・指導権限を有する部署と分離し，総務部に新たに設けられた企画室

の所管とされた（拙稿「地方労働局における個別的労使紛争処理——労働基準法105条の3に基づく紛争解決援助制度を中心に——」松山大学論集12巻5号（2000）285頁）.

　また，1986（昭和61）年施行の雇用機会均等法に基づく機会均等調停委員会は，個別労働紛争解決促進法の制定に際して，行政効率化の視点から紛争調整委員会に改組，統合され，雇用機会均等法に基づく調停は紛争調整委員会の委員から指名される3名の委員で組織される機会均等調停会議が行うものとされた（拙稿「雇用機会均等法に基づく機会均等調停会議による調停の実際」松山大学総合研究所所報66号（2010）15頁）.

　その後，雇用機会均等法に基づく調停と同様の制度が，2008（平成20）年4月施行のパートタイム労働法や2010（平成22）年4月施行の育児介護休業法，2016（平成28）年4月施行の障害者雇用促進法，2020（令和2）年4月施行の労働者派遣法，2020（令和2）年6月施行の労働施策総合推進法の改正により整備された.

3）　雇用環境・均等部（室）の発足

　2016（平成28）年4月1日に，労働局の組織体制に大きな改編があり，労働局発足の際に女性少年室から改組し雇用機会均等法等を所管してきた雇用均等室が，個別労働紛争解決促進法を所管する総務部企画室を吸収し，その業務を受け継いで，雇用環境・均等部（室）が発足した. 北海道，東京，神奈川，愛知，大阪，兵庫，福岡の7つの規模の大きな労働局では雇用環境・均等部，その他の40の労働局では雇用環境・均等室となっており，雇用環境・均等部の下には企画課と指導課が設けられている.

　雇用環境・均等部（室）の発足により，雇用均等室が対応してきた相談も，総合労働相談コーナーにおいて一体的に行うことが可能となり，労働相談の利便性がさらに高められるとともに，個別的労使紛争を未然に防止するための企業への指導等といった取組と，紛争調整委員会による調停・あっせん等の解決への取組を，一体的，効果的に進めることが可能となってお

り（森井利和・森井博子「雇用環境・均等部（室）新設による労働局の個別労働紛争解決制度に及ぼす影響」労働基準広報1890号（2016）20～35頁），職業安定部が所管する障害者雇用促進法及び労働者派遣法に関連するものを除けば，紛争を抱えた労使当事者に対する「ワンストップ・サービス」を実現しているということになる．

　労働局の現在の個別労働紛争解決制度は，雇用環境・均等部（室）が所管する個別労働紛争解決促進法及び雇用機会均等法，パートタイム・有期雇用労働法，育児介護休業法，労働施策総合推進法に基づくものと，職業安定部が所管する障害者雇用促進法及び労働者派遣法に基づくものからなるが（拙著『労働法の最前線──働き方改革の行方──』（晃洋書房，2020）252頁），個別労働紛争解決促進法に基づく個別労働紛争解決制度は，総合労働相談，労働局長による助言・指導，紛争調整委員会によるあっせんからなり，その概要は図 2 - 1 （30～31頁）に示した．

4 ）　労働紛争調整官

　個別労働紛争解決促進法に基づく個別労働紛争解決制度を統括しているのは，個別労働紛争解決業務を担当する専門官職として各労働局の雇用環境・均等部（室）に 1 名以上，全国で58名配置されている労働紛争調整官である．そのほとんどが経験豊かな労働基準監督官であり，民事紛争を扱うことを考慮して，労働紛争調整官の職にあるときは，「厚生労働事務官」として職務を行うものとされている（労働 G メンまこやん「まこやんが行く紛争処理の日々」労働法学研究会報2413号（2007）45頁）．例年あっせんだけでも1000件前後の事件を受理する東京労働局には 6 名配置され，その中の 1 名が統括労働紛争調整官として取り纏めを行っている．

　新たに労働紛争調整官に就く者には非常に充実した研修が行われる．たとえば，2017（平成29）年度は， 4 月17日の午後から25日の昼まで土日を挟んで実質 6 日間，労働大学校（日本労働政策研究・研修機構：埼玉県朝霞市）において，第一線の裁判官，研究者，労使各側を代表する弁護士，現職の

図 2-1　個別労働紛争解決促進法に基づく個別的労使紛争処理制度の概要（実績は2020年度）

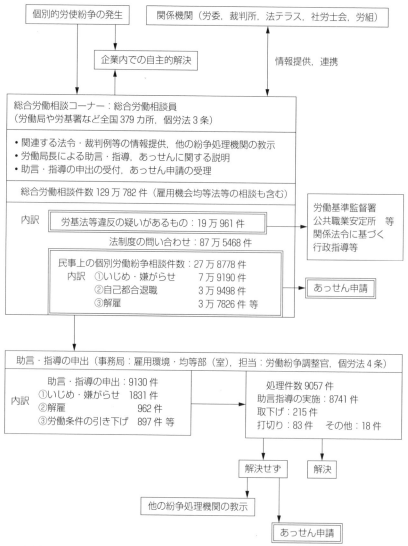

個別的労使紛争の発生

関係機関（労委，裁判所，法テラス，社労士会，労組）

企業内での自主的解決

情報提供，連携

総合労働相談コーナー：総合労働相談員
（労働局や労基署など全国 379 カ所，個労法 3 条）

• 関連する法令・裁判例等の情報提供，他の紛争処理機関の教示
• 労働局長による助言・指導，あっせんに関する説明
• 助言・指導の申出の受付，あっせん申請の受理

総合労働相談件数 129 万 782 件（雇用機会均等法等の相談も含む）

内訳　労基法等違反の疑いがあるもの：19 万 961 件

　　　　法制度の問い合わせ：87 万 5468 件

民事上の個別労働紛争相談件数：27 万 8778 件
内訳　①いじめ・嫌がらせ　　7 万 9190 件
　　　②自己都合退職　　　　3 万 9498 件
　　　③解雇　　　　　　　　3 万 7826 件 等

労働基準監督署
公共職業安定所　等
関係法令に基づく
行政指導等

あっせん申請

助言・指導の申出（事務局：雇用環境・均等部（室），担当：労働紛争調整官，個労法 4 条）

助言・指導の申出 9130 件
内訳　①いじめ・嫌がらせ　1831 件
　　　②解雇　　　　　　　 962 件
　　　③労働条件の引き下げ　897 件 等

処理件数 9057 件
助言指導の実施：8741 件
取下げ：215 件
打切り：83 件　その他：18 件

解決せず

解決

他の紛争処理機関の教示

あっせん申請

*　大企業の職場におけるパワーハラスメントに関する個別労働紛争は労働施策総合推進法に基づき対応することになり，2020（令和 2）年 6 月の同法施行以降，大企業の当該紛争に関するものは，個別労働紛争解決促進法に基づく諸制度の件数に計上されていない．労働施策総合推進法に基づく相談は 1 万8363件，紛争解決の援助申立件数は308件，調停申請件数は126件となっている．同法違反の疑いのある相談は，「労働基準法等違反の疑いがあるもの」として計上されている．

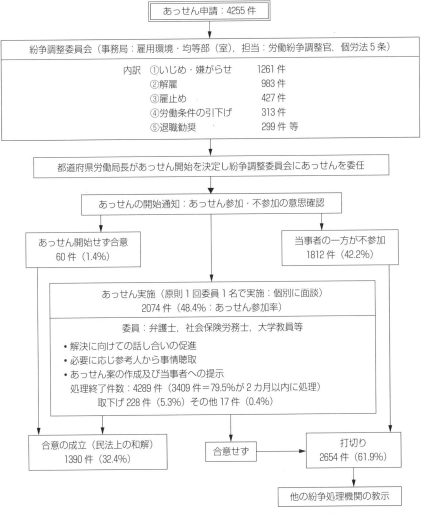

あっせん申請：4255 件

紛争調整委員会（事務局：雇用環境・均等部（室），担当：労働紛争調整官，個労法 5 条）

内訳　①いじめ・嫌がらせ　　1261 件
　　　②解雇　　　　　　　　 983 件
　　　③雇止め　　　　　　　 427 件
　　　④労働条件の引下げ　　 313 件
　　　⑤退職勧奨　　　　　　 299 件 等

都道府県労働局長があっせん開始を決定し紛争調整委員会にあっせんを委任

あっせんの開始通知：あっせん参加・不参加の意思確認

あっせん開始せず合意
60 件（1.4%）

当事者の一方が不参加
1812 件（42.2%）

あっせん実施（原則 1 回委員 1 名で実施：個別に面談）
2074 件（48.4%：あっせん参加率）

委員：弁護士，社会保険労務士，大学教員等

• 解決に向けての話し合いの促進
• 必要に応じ参考人から事情聴取
• あっせん案の作成及び当事者への提示
　処理終了件数：4289 件（3409 件＝79.5%が 2 カ月以内に処理）
　取下げ 228 件（5.3%）その他 17 件（0.4%）

合意の成立（民法上の和解）
1390 件（32.4%）

合意せず

打切り
2654 件（61.9%）

他の紛争処理機関の教示

紛争調整委員会におけるあっせんの合意成立率の推移

	2011年度	2012年度	2013年度	2014年度	2015年度	2016年度	2017年度	2018年度	2019年度	2020年度
手続終了件数中の和解率	38.3%	37.5%	39.1%	37.6%	39.3%	39.4%	38.3%	38.1%	36.2%	32.4%
あっせん開催件数中の和解率	66.7%	67.8%	67.1%	66.0%	64.5%	66.4%	65.8%	65.7%	62.4%	64.1%

紛争調整委員会委員，先輩労働紛争調整官等を動員して，個別労働紛争解決制度等の運用から，労働契約法制をめぐる動向，最近の個別労働紛争に関する判決の動向，障害者雇用促進法，いじめ・嫌がらせ・パワハラ，労働審判制度，個人情報保護法，様々な相談者への的確な対応方法等に至るまで，その職務に必要とされる事項に関して，事例研究・発表も交えながら行われた（拙稿「個別労働紛争解決促進法に基づく個別的労使紛争処理の実際」松山大学総合研究所所報96号（2018）5頁）．

　労働紛争調整官が個別労働紛争解決促進法に基づく制度を運用するためのマニュアルとなる『個別労働紛争解決業務取扱要領』が詳細に定められ，必要に応じて定期的に見直しが行われ，制度の適切な運営に役立てられている．但し，実際の現場の運営は，都道府県労働局の規模や対応すべき事件の多寡，総合労働相談員等スタッフの充実度，労働紛争調整官の判断等により，多少，異なることや流動することがあることに留意する必要がある．

5）　労働相談・個別労働紛争解決制度関係機関連絡協議会

　都道府県労働局における個別労働紛争解決制度は，他の機関の取組をも含めた日本における複線型の個別的労使紛争処理制度の重要な部分を占めており，労働局が中心となって，裁判所や都道府県の労働関係機関，社会保険労務士会，弁護士会など，地域における関係機関の連携や情報交換等の場として，「労働相談・個別労働紛争解決制度関係機関連絡協議会」が組織され，雇用環境・均等部（室）が事務局となり，年1回の定例会議の開催の外，定例会議で決定された合同の研修会や相談会，広報活動等を実施しており，労働紛争調整官がその事務を司っている．

　労働相談・個別労働紛争解決制度関係機関連絡協議会は，組織構成から活動内容まで地域により多様であるが，鳥取県の例では，2019（令和元）年の定例会議は7月23日に鳥取労働局（鳥取市）で行われ，労働局の外，地方裁判所，県商工労働部・中小企業労働相談所・労働委員会，日本司法

支援センター地方事務所，県弁護士会，県社会保険労務士会が参加して，各機関・団体が行っている労働相談や解決制度等の運用状況についての情報交換を行うとともに，増加が予想されるパワハラについての相談において各相談機関がいかに役割分担し適切に対応するかについての意見交換や，労働局や県労働委員会におけるあっせん不調事案の処理に関する検討を行った．加えて，各機関の相談員のスキルアップを目的とする合同研修会を実施することを決定している（鳥取県労働委員会『令和元年度鳥取県労働委員会年報』（2020）43頁）．

2　総合労働相談コーナーにおける総合労働相談

1）　総合労働相談コーナーおける総合労働相談

　現在，日本において最も多くの労働相談に対応しているのが都道府県労働局の総合労働相談コーナーであり，すべての労働基準監督署と労働局，都市圏の主要駅の民間ビル等，全国津々浦々，379カ所に設置され，非常にアクセスの良いものとなっている．労働基準監督署等にあるコーナーも含めて，雇用環境・均等部（室）の一部門として設けられている．

　総合労働相談コーナーでは，午前9時から午後5時まで，社会保険労務士などのような専門的知識を有する常勤の総合労働相談員が，労働者や事業主などに対して，あらゆる労働問題に関する相談，情報提供のワンストップ・サービスを行っている（個労法3条）．

　労働相談及び情報提供の外，相談が，労働基準法，職業安定法，雇用機会均等法等の違反行為を内容とする事案等については，監督・行政指導等の可能性を考慮して，管轄する担当部署等，抱えている問題にふさわしいところに取次を行う．また，相談内容に応じて労働契約法等関係法令，関連する判例等の情報を提供し，適切なアドバイスにより当事者間の自主的な解決を促すことになる．

　労働相談の結果，相談者が，「労働局長による助言・指導」ないしは「紛争調整委員会によるあっせん」を求める場合には，その説明を行い，前者

については口頭又は申出書により受理する．後者については，申請書により受理する．

2） 総合労働相談の件数

例年，100万件を超える相談が寄せられており，2020（令和2）年度も129万782件（前年度比8.6％増）の相談を受けている．複数の内容にまたがることもあり合計で143万7916件となった内訳は，法制度の問い合わせが87万5468件，労働基準法等違反の疑いがあり労働基準監督署や公共職業安定所等に取次ぎが行われたものが19万961件，「労働局長による助言・指導」や「紛争調整委員会によるあっせん」の対象となりうる民事上の個別労働紛争が27万8778件，その他が9万2709件となっている（厚生労働省雇用環境・均等局総務課労働紛争処理業務室2021年6月30日発表「令和2年度個別労働紛争解決制度の施行状況」（厚生労働省HP）14頁）．

なお，大企業の職場におけるパワーハラスメントに関する個別労働紛争は労働施策総合推進法に基づき対応することになり，2020（令和2）年6月の同法施行以降，大企業の当該紛争に関するものは，いじめ嫌がらせに計上されていない．同法違反の疑いのある相談は，「労働基準法等違反の疑いがあるもの」として計上されている．

表2-1 総合労働相談（上段）と民事上の個別労働紛争（下段）の件数の推移

2001	2002	2003	2004	2005	2006	2007
25万1545	62万5572	73万4257	82万3864	90万7869	94万6012	99万7237
4万1284	10万3194	14万0822	16万0166	17万6429	18万7387	19万7904

2008	2009	2010	2011	2012	2013	2014
107万5021	114万1006	113万0234	110万9454	106万7210	105万0042	103万3047
23万6993	24万7302	24万6907	25万6343	25万4719	24万5783	23万8806

2015	2016	2017	2018	2019	2020	
103万4936	113万0741	110万4758	111万7983	118万8340	129万0782	
24万5125	25万5460	25万3005	26万6535	27万9210	27万8778	

3）　民事上の個別労働紛争の件数と内容

　100万件を優に超える労働相談の中で，民事上の個別労働紛争に分類できるものが，例年，20万件を超えており，2020（令和2）年度においても27万8778件となっている．

　複数の内容にまたがることもあり合計で34万7546件となった民事上の個別労働紛争の内容別の件数は，「いじめ・嫌がらせ」が最も多く7万9190件（22.8％），次いで「自己都合退職」が3万9498件（11.4％），「解雇」が3万7826件（10.9％），「労働条件の引下げ」が3万2301件（9.3％），「退職勧奨」が2万5560件（7.4％）と多くなっている．「解雇」の内訳は，「普通解雇」が2万9054件（全体の8.4％），「整理解雇」が4983件（同1.4％），「懲戒解雇」が3789件（同1.1％）となっている（「令和2年度個別労働紛争解決制度の施行状況」14頁）．

　なお，民事上の個別労働紛争に分類される相談のすべてにおいて当事者間に具体的な利害対立があるというわけではなく，ADRや民事訴訟に至ってもおかしくないものは，その30％程度のようである（「2016年11月14日第10回透明かつ公正な労働紛争解決システム等の在り方に関する検討会議事録」（事務局：大塚弘満調査官発言）厚生労働省HP）．

第2節　労働局長による助言・指導

1　労働局長による助言・指導

　「労働局長による助言・指導」は，当事者の一方又は双方から援助を求められた場合に，当事者から事情を聴き，解決の方向を示すことにより，自主的な解決を促進するものである（個労法4条1項）．いわゆる行政指導とは異なり，強制力はない．助言は，当事者の話合いを促進するよう口頭又は文書で行うものであり，指導は，当事者のいずれかに問題がある場合に問題点を指摘し，解決の方向性を文書で示すものであるとされているが（「令和2年度個別労働紛争解決制度の施行状況」2頁），これまでの処理状況をみ

ると，ほとんどが助言であり，助言と指導の違いは，「当事者の片方に紛争解決を阻害する要因がある，……どちらか片方が悪いですよという状態にある場合には指導」をする，「労使の自主的な話し合いを促すのがふさわしいものについては助言」をする，と表現されている（「2016年11月14日第10回透明かつ公正な労働紛争解決システム等の在り方に関する検討会議事録」（事務局：大塚弘満調査官発言））．申出人の意向等を踏まえつつも，法令に基づく行政指導等が可能な事案については，それを先行することが原則となる．

　制度が創設された当時の担当責任者（厚生労働省大臣官房地方課労働紛争処理業務室長）の言では，「裁判判決の事前予告サービス」と表現され（労働Ｇメンまこやん「まこやんが行く　紛争処理の日々」47頁），事実関係の確認が困難な事案については，紛争調整委員会によるあっせんに委ねるのが妥当とされていたが（駒場修一「東京労働局における個別労働紛争解決制度の運営状況」中央労働時報1032号（2004）11頁），そのような事案に関しても，自主的な解決の可能性があるものについては，当事者の話合いを促進するよう助言を行うようになっている．

　助言・指導と紛争調整委員会によるあっせんの件数のバランスは労働局により多様であり，たとえば，あっせん委員が21名の大阪労働局では助言・指導が702件（令和元年度は729件）であっせんが297件（同372件）であったのに対し，あっせん委員が９名の兵庫労働局では助言・指導が918件（同965件）であっせんが224件（同217件）となっている（「令和２年度個別労働紛争解決制度の施行状況」15頁）．紛争事案が多いにもかかわらずあっせん委員が多くはない労働局では，いずれの制度でも対応可能な事案においては，相談者を，積極的に助言・指導に誘導しているものと推測される．援助を求めたことを理由として，事業主が，労働者に解雇その他の不利益な取扱いをすることは禁止されている（個労法４条３項）．

　実際に手続を行うのは，労働局長ではなく，労働紛争調整官やその指示を受けた総合労働相談員である．迅速処理を優先して，相談を受けた総合労働相談員が，労働紛争調整官や労働紛争調整官の補佐役的存在である困

難事案担当の総合労働相談員から事案や助言内容の確認を受けながら，直接，口頭による助言を行うことも少なくない．申出を電話で受けて，直ちに被申出人に電話により事実確認を行い，助言を行うこともある．

2　労働局長による助言・指導の申出受付件数，申出の内容

助言・指導の申出受付件数は，2001（平成13）年10月からの半年で714件であったものが，2002（平成14）年度は2332件，2003（平成15）年度は4377件（前年度比87.7％増）等と，毎年大幅に増加してきた．

2006（平成18）年度については，「あっせん」に前置する形での「助言・指導」をやや抑えた結果とみられる減少があり，5761件（同9.5％減）となったが，2007（平成19）年度は6652件（同15.5％増）と増加傾向に戻り，ピーク時の2012（平成24）年度には1万363件（同8.1％増）を記録した．

その後減少傾向に転じたが，2020（令和2）年度は9130件（前年度比7.5％減）となっており，高止まりといった状況になっている．ほとんどが労働者からであるが，事業主からの申出も32件（0.4％）あった．

紛争の対象となった労働者の就労形態は，正社員が4546件（全体の49.8％）と，最も多くなっている．次いで，短時間労働者が1858件（同20.4％），有期雇用労働者が1602件（同17.5％），派遣労働者が658件（同7.2％），その他・不明が466件となっている．助言・指導の申出人に占める正社員の割合は，雇用労働者に占める非正規労働者の増大を反映して，2002（平成14）年度の68.8％から大きく低下してきている．

申出内容は，複数の事柄にまたがる事案もあるため合計で9942件となっ

表2-2　助言・指導の申出受付件数の推移

2001	2002	2003	2004	2005	2006	2007	2008	2009	2010
714	2332	4377	5287	6369	5761	6652	7592	7778	7692

2011	2012	2013	2014	2015	2016	2017	2018	2019	2020
9590	1万0363	1万0024	9471	8925	8976	9185	9835	9874	9130

た中では，大雑把な括りである「その他の労働条件」（2269件＝22.8％）や「その他」（985件＝9.9％）のほかのものでは，「いじめ・嫌がらせ」に関するものが最も多く1831件（18.4％），次いで「解雇」が962件（9.7％），「労働条件の引下げ」が897件（9.0％），「自己都合退職」が736件（7.4％），「退職勧奨」が633件（6.4％）と多くなっている（「令和2年度個別労働紛争解決制度の施行状況」7〜8頁）．

3　労働局長による助言・指導の処理状況

　助言・指導の申出があったものの中で，2020年度内に処理を終了したものは9057件となっている．このうち，8741件（96.5％）において助言が実施され，指導が実施されたものはなかった．申出が取下げられたものが215件（2.4％），紛争当事者の一方と長期間連絡が取れない等の理由でやむを得ず処理を打ち切ったものが83件（0.9％），助言・指導の過程で，裁判で係争中のものなど，制度対象外の事案であることが判明した場合等の「その他」が18件（0.2％）となっている．文書による助言・指導を除き，原則として1カ月以内の迅速処理を目安としており，処理に要した期間は1カ月以内が99.2％と，非常に迅速に処理されている（「令和2年度個別労働紛争解決制度の施行状況」8頁）．

　助言・指導の結果については，通常，明らかにされてはいないが，2015（平成27）年度の処理結果は公になっており，8925件の申出に対し，助言の実施件数が8616件（指導は0件）で，解決件数が4490件，解決率が52.1％と，半数は解決に至っている（「2016年11月14日第10回透明かつ公正な労働紛争解決システム等の在り方に関する検討会議事録」（事務局：大塚弘満調査官発言））．例年，この程度の解決率ということであれば，労働局内で完結する迅速な調整手法であり，また，紛争調整委員会のあっせんと比べると，委員に対する謝金（日当手取1万7158円）がかからないという財政的メリットもあり，さらには，4000件を超える解決件数という面からしても，大いに注目しなければならない制度になっているとみることができる（拙稿「個別労働紛争解決

促進法に基づく都道府県労働局の個別労働紛争解決制度の現状」労働基準2009年10月
号11頁）．

4　労働局長による助言・指導により解決した事例
［1］「解雇」に係る助言・指導の解決事例

[事案の概要] 申出人は正社員として勤務していたが，事業主から「新型コロナ
ウイルス感染症の影響で資金繰りが困難な状況にあることから，1カ月後に解雇
する」と告げられた．申出人は，自身のみが解雇の対象となっていることに納得
できなかったことから，解雇の撤回を求めたいとして，助言・指導を申し出たも
のである．

[助言・指導の経過] 事業主に対し，雇用調整助成金の特例措置について説明す
るとともに，労働契約法第16条において，解雇は客観的に合理的な理由を欠き，
社会通念上相当であると認められない場合は，権利濫用として無効となる旨を助
言した．助言に基づき，事業主と申出人で話合いが行われた結果，事業主は申出
人に対する解雇を撤回し，雇用調整助成金を活用の上，申出人を継続雇用するこ
ととした（厚生労働省雇用環境・均等局総務課労働紛争処理業務室2020年7月1
日発表「令和元年度個別労働紛争解決制度の施行状況」（厚生労働省HP）16頁）．

［2］「労働条件の引下げ」に係る助言・指導の解決事例

[事案の概要] 申出人は，正社員として数十年勤務していたところ，事業主から
特段の理由なく，基本給の減額及び諸手当の廃止を提案されたが，納得できなかっ
たため，これを拒んだ結果，申出人の合意なく，賃金を一方的に減額させられた．
申出人は，事業主から賃金の減額についての明確な説明がなされないことや，今
後の生活のためにも，従来通りの労働条件で働き続けたいとして，助言・指導を
申し出たものである．

[助言・指導の経過] 事業主に対し，賃金の引下げについては，労働者の合意な

く一方的に変更することは労働契約法第8条に抵触する可能性がある旨を説明し，申出人とよく話し合うよう助言した．助言に基づき，事業主と申出人で話合いが行われ，労働条件の引下げは撤回され，従来通りの労働条件で働くこととなった（「令和元年度個別労働紛争解決制度の施行状況」17頁）．

第3節　紛争調整委員会によるあっせん

1　紛争調整委員会によるあっせん

　紛争調整委員会によるあっせんは，労使間の民事紛争について，当事者の一方又は双方から申請された場合に，学識経験者から厚生労働大臣により任命される非常勤の委員が，双方の主張を聞き，実情に応じた和解による解決を導くものである（個労法5条1項，7条2項）．労働関係ADRとしては，労使紛争当事者にとって，一番身近で，利用しやすい制度となっていることから，その処理実績も多く，個別的労使紛争処理のための行政型ADRとして着実に定着してきている（拙稿「紛争調整委員会による個別労働紛争のあっせんの現状と課題」日本労働研究雑誌731号（2021）68頁）．

　申請書の受理からあっせん実施後の解決状況の確認に至るまでの事務処理は雇用環境・均等部（室）が行い，労働紛争調整官が統括している．

　利用者の便宜を考慮して，作成ガイドや記載例のある申請書が付いた『職場のトラブル解決サポートします』と題するパンフレットが無料提供され，簡単な記載で申請が可能となっている．紛争当事者のプライバシー保護が徹底されており，あっせん申請があったことや手続が進行していること等，当該紛争に係るすべての情報が非公開とされるとともに，あっせん申請を理由に事業主が労働者に解雇その他の不利益な取扱いをすることは禁止されている（個労法5条2項）．

　また，時効成立の懸念なく申請ができるように，あっせん打ち切りの場合，申請者がその旨の通知を受理後30日以内にその目的となった請求について訴えを提起したときは，時効の完成猶予に関しては，申請の時に訴え

の提起があったものとみなされる（個労法16条）．

2　紛争調整委員会の委員

1）　紛争調整委員会の委員の体制

　紛争調整委員会は，1チーム3名の体制をとり，当初の2001（平成13）年10月1日時点では，東京は4チーム12名，愛知及び大阪は3チーム各9名，北海道及び千葉，神奈川，福岡は2チーム各6名，その他の局は1チーム各3名で，全国では174名であった．その後，件数の高まりに応じて増加し，現在では，東京は12チーム36名，大阪は7チーム21名，愛知は5チーム15名，北海道，埼玉，千葉及び神奈川は4チーム12名，茨城，長野，静岡，京都，兵庫，奈良及び福岡は3チーム9名，その他の局は2チーム6名で，381名となっている（個労法施規2条）．

　学識経験者から選任される委員は，任期2年の非常勤で任命され，労働局長の指揮命令を受けず，中立的立場で紛争処理を行っている．再任されることが通例であり，長年務めて経験を活かしている委員が多く，望ましいものとなっている．

2）　紛争調整委員会の委員の本務

　当初の174名の委員の本務は，「弁護士」が39.1％，「大学・大学院教員」が37.9％，「行政経験者」が8.6％，「社会保険労務士」が6.9％，「人事労務管理実務経験者」が2.9％，「その他」が4.6％となっていたが（厚生労働省「都道府県労働局における『個別労働紛争解決促進法』の施行状況（平成13年10月〜12月）」労政ジャーナル740号（2002）13頁），明らかになっている最新の2015（平成27）年12月25日時点での381名は，「弁護士」が71.7％，「社会保険労務士」が17.6％，「学者（大学教授等）」が8.7％，「人事労務実務経験者」が0.3％等となっている（大臣官房地方課企画室「紛争調整委員の選任状況について」＝2015年12月25日第3回透明かつ公正な労働紛争解決システム等の在り方に関する検討会配布資料No.1）．

　労働法が専門の大学教員（研究者）や社会保険労務士は，日々その本務において労働関係法規を学ぶ立場にあり，一般論では，あっせん委員に最適任ということができるが，弁護士や社会保険労務士といった実務家が選任される割合が年々増加しており，必ずしも高くはない謝金（日当手取1万7158円）にもかかわらず，多くの弁護士や社会保険労務士を動員できているところに，この制度の運営コスト面での強みを見出すことができる（拙著『入門個別的労使紛争処理制度——社労士法第8次改正を踏まえて——』（晃洋書房，2017）101頁）．

　なお，弁護士や社会保険労務士といった専門士業を任命する場合には，労働局長から弁護士会や社会保険労務士会に推薦依頼が行われ，各会により個別労働紛争に精通している者が推薦され，これを受けて任命するのが通例となっているが，11名の弁護士を任命している労働局の例では，弁護士会は，使用者側に立つ弁護士と，労働者側に立つ弁護士が同数程度になるように推薦するものとされている（奥村哲司「紛争調整委員会委員を終えて——同委員会によるあっせんの想い出——」経営法曹191号（2016）2頁）．

　また，東京労働局の紛争調整委員会では，公正さを担保するために，弁護士や社会保険労務士である委員が，代理人等として案件を持ち込むことを認めない扱いをしている（本間邦弘「社労士会労働紛争解決センター東京運営委員会からの答申」会報東京都社会保険労務士会450号（2018）34頁）．

3)　紛争調整委員会の委員に対する研修

　制度開始当初は委員に対する合同研修もあり，あっせん技術を高めるために，定期的に意見交換をする場を設けるところもあった（紺屋博昭「労働紛争処理の今日的課題」月刊労委労協2008年8月号61頁）．また，委員や労働紛争調整官の参考に供する趣旨で，実際に紛争調整委員会のあっせんで解決が図られた事例集も作成，配布されている．

　近年では，新任の委員に対し，OJTの趣旨で経験豊かな委員のあっせんに同席させるほか，その労働関係法規等に関する専門性に応じて個別に行

うのが通例となっている．労働関係法規に大きな動きがあった場合等には，労働局ごとに，委員全員を対象として合同の研修会を行うこともある．

3　紛争調整委員会によるあっせんの対象となる紛争

1）　個別労働紛争

　紛争調整委員会によるあっせんの対象となるのは個別労働紛争，すなわち，労働契約又は事実上の使用従属関係から生じる個々の労働者と事業主との間の紛争である．

　解雇，雇止め，配置転換・出向，昇進・昇格，労働条件の不利益変更等労働条件に関する紛争や，いじめ・嫌がらせ等の職場環境に関する紛争，労働契約の承継，同業他社への就職禁止等の労働契約に関する紛争，その他，退職に伴う研修費用の返還，営業車等会社所有物の破損に係る損害賠償をめぐる紛争など，募集・採用に関するものを除き，労働問題に関するあらゆる分野の紛争が対象となる（個労法5条1項）．

　但し，男女雇用機会均等法16条等（パート・有期法23条，育介法52条の3，労推法30条の4，障雇促法74条の5，派遣法47条の5）に規定され，紛争調整委員会による調停の対象となる紛争は対象外とされている．

2）　あっせんを委任しないものとされる紛争

　「その性質上あっせんをするのに適当ではないもの」，たとえば，① 裁判において係争中又は確定判決が出された紛争，② 裁判所の民事調停において手続が進行している又は調停が終了した紛争，③ 裁判所で労働審判手続が進行中，労働審判手続により調停が成立，又は労働審判が行われた紛争，④ 労働委員会のあっせん等他の機関による個別労働紛争解決制度で手続が進行中又は合意が成立し解決した紛争，⑤ 既に紛争調整員会のあっせんを終了した紛争（申請が取り下げられた場合を除く），⑥ 個々の労働者に係る事項のみならず，事業所全体にわたる制度の創設，賃金額の増加等を求めるいわゆる利益紛争，⑦ 紛争の原因となった行為の発生から

長期間が経過し的確なあっせんを行うことが困難な紛争については，労働局長は，「当該個別労働関係紛争の解決に必要がある」とは認められないものとして，紛争調整委員会にあっせんを委任しないものとされている．

また，「不当な目的でみだりにあっせんの申請をしたもの」，たとえば，① 相手方の社会的信用を低下させることや単なる嫌がらせを目的で申請をしていると認められるもの，② 紛争当事者間で既に締結された和解契約に基づく義務の履行を不当に免れようとしている場合についても，同様に，労働局長は，「当該個別労働関係紛争の解決に必要がある」とは認められないものとして，紛争調整委員会にあっせんを委任しないものとされている．

3） 混在事案への対応

申請の内容に，労働基準法違反のような監督・行政指導等により処理すべき事項と，あっせんの対象となる事項が混在している事案については，分離して処理すべきものとなり，前者の事項については監督・行政指導等を行う機関へ取次ぎを行うのが原則となる．

東京労働局においては，労働基準監督署等における案件が山積して迅速な監督・行政指導等が期待できない地域性が考慮され，事案によっては早期解決を優先して，分離することなくあっせん手続で一括処理するという紛争当事者の便宜に適った扱いをすることもある（拙稿「個別労働紛争解決促進法に基づく個別的労使紛争処理の実際」9～10頁）．

4 紛争調整委員会によるあっせんの手続
1） あっせんの受理とあっせん期日の設定

申請された事件は，あっせんの対象であり，労働局長が必要と判断するものについては，紛争調整委員会にあっせんが委任され（個労法5条1項），特定のチームに割り当てられるとともに，被申請人に対しては，参加を勧奨するためのあっせんのメリット等を記載した文書を同封して，通知が行

われ，手続への参加の有無の意思確認が行われる．あっせんは3名の委員
により行うとされているが（個労法12条1項），単独の委員に委任して（個労
法施規7条1項），機動的，効率的に行うのが運用上の原則となっている（駒
場修一「東京労働局における個別労働紛争解決制度の運営状況」4頁）．

　単独の委員で行うという点は，3名（3者）で行う労働審判制度や労働
委員会のあっせんとは大きく異なり，委員に支払うコスト面でも，大きな
メリットとなる．また，事件の内容によっては，単独の委員による手続の
ほうが適しているものもあると思われる．労働委員会や紛争調整委員会に
おける委員経験の豊かな野田進九州大学名誉教授は，「個別紛争の解決で
は，公労使にかかわらず力量のある委員が1人で担当するというシステム
のほうが，本当はいいのではないか」と述べておられる（野田進「熱血！個
別紛争解決レポート」労働判例693号（2005）2頁）．3名で行うものとすると，
期日調整を要し迅速処理が困難になる（奥村哲司「紛争調整委員会委員を終え
て——同委員会によるあっせんの想い出——」2頁）とともに，申請件数の多い
ところでは，委員の大幅な増員が必要となる．

　被申請人から参加の意思が示されると，担当委員と当事者の都合を調整
したあっせん期日が当事者に通知される（個労法施規8条1項）．不参加の意
思が示されるとあっせんは開催されず打ち切りになるが（個労法施規12条1
項1号），任意参加が大原則の手続であり，不参加による打切りが「大きな
限界」となっている（西谷敏『労働法［第3版］』（日本評論社，2020）150頁），
低位にあった被申請人の参加率向上の意図で，2015（平成27）年度から，
電話等による参加の勧奨が行われている（拙稿「個別労働紛争解決促進法に基
づく個別的労使紛争処理の実際」39頁）．譲歩の余地なしと判断する被申請人と
しても，情報収集の意図や労働契約の相手方である（あった）申請人に対
する誠意として，参加する意義が認められることも少なくないものと思わ
れる（奥村哲司「紛争調整委員会委員を終えて——同委員会によるあっせんの想い出
——」4頁）．

　あっせんの開催が決まると，労働紛争調整官は，あっせん期日に備えて，

当該事案処理の過程で作成，収集した資料や当事者双方への事情聴取により，事案の概要の把握や争点の整理を行う．担当委員には，申請書の外，被申請人からの「あっせんに関する連絡票」（参加の有無，参加する際の期日の希望日，申請内容に関する経過・意見，不参加の場合の理由が記載項目）や当事者双方に対する「事情聴取票」，労働紛争調整官作成による「争点整理票」（当事者双方の主張を争点ごとに簡潔にＡ４判１～２枚に整理したもの）等の関係書類が送付されるが，総合労働相談や労働局長による助言・指導を経たものについては，「相談票」や「助言・指導処理票」の写しも同封される．

2）　あっせん期日

　あっせん期日には，必ず労働紛争調整官が立ち会い，当事者の誘導など手続を補佐するために，総合労働相談員も同席する．当事者には，同じ日に，午前中だと，申請人が10時，被申請人が10時30分，午後であれば，申請人が13時30分，被申請人が14時というように，委員が面談する順番に合わせて時間をずらして，来庁を求めることになる（紛争調整委員会のあっせん期日における実際の運営を再現したものとして，拙稿「個別労働紛争解決促進法に基づく個別的労使紛争処理の実際」81～102頁がある）．通例，都道府県庁所在地にある労働局の会議室等で行われている．東京労働局には，非常時のためのブザーも設置された，４つのあっせん専用室がある．利便性を考慮して，労働局から離れた遠隔地の労働基準監督署等，当事者の住居地に近い場所で「現地あっせん」を行うところもある．当事者が離島や辺境地等に所在するときは，「電話によるあっせん」，当事者が異なる労働局に所在するときは，「テレビ会議システムを用いたあっせん」を行うこともある．

　あっせん作業は，当事者が対面する場面を設けず，委員が個別に面談する交互面接方式で行うのが原則であり，傍聴を認めない．一方が面談しているときは，他方は控室で待つことになる．委員は，双方に対して個別面接を重ね，厳密な事実認定はしないものの可能な限りの事実確認を行い，妥当と思われる落しどころを探り，当事者の解決への意向を踏まえながら，

和解を促す作業を中心に行い，口頭による合意形成に努める（個労法12条2項）．簡易，迅速な解決を主眼とし，2時間程度を目安に，1回の期日で手続を終了することを運用の原則としているが，解決の可能性が高いと判断されるときは，さらなる期日を設けることもある．当事者双方から求められたときはあっせん案を提示するものとされているが（個労法施規9条1項），その作成にはチーム3名全員一致が必要とされ（個労法13条2項），他の2名の委員の同意が必要となることから，1回の期日で行うという運用に適合せず，通常，行われることはない．あっせん案が提示された場合でも，それが双方に受諾されて和解による解決となる．

　当事者間において合意が成立すると，委員により，その内容が合意文書として整えられ，両当事者が署名ないし記名押印して，民法上の和解契約（民法695条）の成立を確認して手続は終了する．紛争調整委員会は当事者自身による紛争解決を手助けするのみとの立場をとり，2通作成される合意文書には合意内容と両当事者の氏名のみが記載され，当事者各自が持ち帰り，事務局はその複写を1通保管するとともに，必要に応じて一定期間の後に当事者に対して和解内容の履行の確認を行うのみである．不履行が報告された例を確認したことはないが，債務名義とするためには執行証書の作成が必要となる（荒木尚志『労働法〈第4版〉』（有斐閣, 2020）601頁）．なお，都道府県労働委員会や社労士会労働紛争解決センターによるあっせんにおいて作成される合意文書は3通作成され，関わったあっせん委員も，立会人等として記名，押印するのが通例となっている．

　ほとんどが和解金（解決金）の支払いによる解決となる．典型的な退職を巡る甲（使用者）と乙（労働者）の紛争の合意文書の条項としては，「甲と乙は，○年○月○日をもって甲乙間の雇用契約が終了したことを確認する．」，「甲は，乙に対し，乙の退職に係る紛争の和解金として，金○○万円を，乙の指定する○○銀行○○支店の乙名義の銀行口座に，○年○月○日までに振り込むことにより，支払うものとする．振込手数料は甲の負担とする．」，「甲と乙の間には，本件紛争に関し，本合意文書に定めるほか，

何ら債権債務がないことを相互に確認する（清算条項）.」,「本件紛争に関し,甲と乙は,自らまたは第三者をして他言しないものとする（口外禁止条項）.」といったものが通常盛り込まれる. なお,口外禁止条項については,労働審判手続において労働者が明確に拒否した口外禁止条項を盛り込んだ労働審判に関して,労働者に「過大な負担を強いる」として,相当性を欠き労働審判法20条1～2項に違反するとする判決が2020（令和2）年12月1日に長崎地方裁判所で下され,論議を呼んでいる（「労働審判口外禁止条項は違法」労働新聞3286号（2020）3面）. 事案にもよるが,口外禁止は労使双方にメリットがある場合も少なくなく,労働関係ADR一般において和解の成否を大きく左右する使用者側としては盛り込むことを望むことが多い条項であることを考慮するならば,安易に例外なしの口外禁止条項を盛り込むことは控えて,事案に応じて合理的な例外を設けた口外禁止条項を工夫するよう努力する必要があると考えられる.

　当事者間の意見の隔たりが著しい等解決の見込みがないときは,委員の判断により打切りで終了する（個労法15条）. 打切りで終了するときは,その判断の妥当性を検証するために,文書により,同じチームの他の2名の委員による事件処理の確認が行われる. 申請人に対しては,事務局職員が,必要に応じて,さらに利用可能な労使紛争処理機関についての教示と,申請目的の請求に関する訴えの提起による時効の完成猶予（個労法16条）についての説明が行われることになる.

3）　弁護士や特定社会保険労務士等による代理・補佐行為

　労働紛争調整官等も同席の上での専門性の高い委員によるあっせんであり,労働者単独でも,自己の権利を主張し,和解のための調整が受けられる制度であるが,当事者は,事前の申請に基づくあっせん委員の許可により,弁護士や親族,同僚等のみならず,特定社会保険労務士（社労士法2条2項）や認定司法書士（司法書士法3条2項. 紛争目的価額140万円まで）を代理人や補佐人として活用することができる（個労法施規8条2～3項）. 当事者

本人が出席せず，代理人等の出席により対応する当事者においては，1回の期日で行うという運用のため，和解契約締結に向けての最終的判断を仰ぐ等の必要性が生じる可能性もあり，当事者本人とあっせん期日の時間帯に連絡が取れる体制を整えてあっせんに臨むことが得策となる（奥村哲司「紛争調整委員会委員を終えて――同委員会によるあっせんの想い出――」4頁）．

　とくに労働関係法規に特化した法律専門職である社会保険労務士が，紛争解決手続代理業務に係る研修を受け試験に合格して，その旨の付記を受けることにより，紛争調整委員会や都道府県労働委員会によるあっせんや調停においては紛争目的価額の上限なく単独で紛争解決手続代理業務をも行うことが認められた特定社会保険労務士には，当事者の正当な権利や利益の主張を支えるとともに，あっせん手続における労使紛争の迅速かつ適正な解決の促進に大いに貢献することが期待されている．全国社会保険労務士会連合会が会員である社会保険労務士に対して行った調査では，2007（平成19）〜2016（平成28）年度の10年間で代理人業務等の受任事案が1414件あり，関与した機関の明記があった506件では，紛争調整委員会が363件（71.7%），都道府県労働委員会が79件（15.6%），社労士会労働紛争解決センターが64件（12.6%）となっている．使用者からの依頼が77.1%と多くなってはいるが，労働者からの依頼が22.9%もあったことは注目すべきところである（「『補佐人業務及び紛争解決手続代理業務に関する実績調査』集計結果について」月刊社労士2018年4月号9頁及び12頁）．

5　紛争調整委員会によるあっせんの申請受理件数，申請の内容
1）　紛争調整委員会によるあっせんの申請受理件数
　あっせんの申請件数は，スタート3年目の2003（平成15）年度には5000件を超え，年々増加し，ピーク時の2008（平成20）年度には8457件を記録した．その後は徐々に低下しており，この6年は5000件前後で推移していたが，2020（令和2）年度においては4255件（前年度比18.0%減）と，コロナ禍の影響を受けてのことか，大きく減少している．労働者からの申請が大

勢であるが，事業主からの申請（労使双方からを含む）も72件（1.7％）あった
ことは注目される（「令和2年度個別労働紛争解決制度の施行状況」10〜11頁）．

　日本の個別的労使紛争処理制度の現状を数字で確認するために，次頁の
表2-3に，労働審判制度が運用を開始する前年の2005（平成17）年度から
の行政機関及び司法機関の新規受理件数と，2012（平成24）年度からの民
間機関及び簡易裁判所の新規受理件数を示している（「令和2年度個別労働紛
争解決制度の施行状況」，「令和2年度都道府県労働局雇用環境・均等部（室）での男
女雇用機会均等法，労働施策総合推進法，パートタイム労働法，パートタイム・有期
雇用労働法及び育児介護休業法に関する相談，是正指導，紛争解決の援助の状況につ
いて」（厚生労働省HP），厚生労働省職業安定局障害者雇用対策課2021年6月25日公表
「雇用の分野における障害者の差別禁止・合理的配慮の提供義務に係る相談等実績（令
和2年度）」（厚生労働省HP），中央労働委員会「各機関における個別労働紛争処理制
度の運用状況」（中央労働委員会HP），最高裁判所事務総局行政局「令和2年度労働関
係民事・行政事件の概況」法曹時報73巻8号（2021）51〜52頁，最高裁判所事務総局
民事局「令和2年度民事事件の概況」法曹時報73巻11号（2021）107頁，社労士会労働
紛争解決センター「令和2年度あっせん申立て事案の内容について」月刊社労士2021
年9月号18頁及び全国社会保険労務士会連合会『令和3年度通常総会議案書』（2021年
6月30日）22頁，日本弁護士連合会ADR（裁判外紛争解決機関）センター『仲裁ADR
統計年報（全国版）2020年度（令和2年度）版』（2021）32頁）．なお，労政事務所
については，2016年度までは6都府県（埼玉，東京，神奈川，大阪，福岡，大分），
2017年度以降は埼玉を除く5都府県の数字である．裁判所の数字は年度で
はなく年であり，簡易裁判所については民事事件全体の数字である．弁護
士会ADRの数字は，大阪府の公益社団法人民間総合調停センターや民間
認証ADR機関ではないセンターの件数をも含むものであり，また，カッ
コ内の数字は民事事件全体の数字である．

　地方裁判所における労働関係民事通常訴訟や労働審判制度の新受件数は
例年3000件台で推移し，都道府県労働委員会における個別労働紛争のあっ
せんの新規係属件数が300件前後と低迷していること（労働委員会の個別的労

表2-3　個別的労使紛争処理制度の新規受理件数の推移

	行　政　機　関				司　法　機　関	
	国：厚生労働省		44道府県	6（5）都府県	裁判所	
	都道府県労働局		道府県労委	労政事務所	地方裁判所	
	あっせん	調停	あっせん	あっせん	労働審判	通常訴訟
05年度	6888	4	294	1215	—	2446
06年度	6924	5	300	1243	877	2035
07年度	7146	62	375	1144	1494	2246
08年度	8457	72	481	1047	2052	2441
09年度	7821	71	503	1085	3468	3218
10年度	6390	96	397	919	3375	3127
11年度	6510	98	393	909	3586	3170
12年度	6047	79	338	801	3719	3358
13年度	5712	59	376	710	3678	3339
14年度	5010	77	319	845	3416	3257
15年度	4775	63	343	709	3679	3391
16年度	5123	79	290	596	3414	3391
17年度	5021	56	288	516	3369	3527
18年度	5201	65	320	537	3630	3500
19年度	5187	96	310	494	3665	3619
20年度	4255	230	269	363	3907	3960

	民　間　機　関		簡　易　裁　判　所		
	社労士会ADR	弁護士会ADR	通常訴訟	少額訴訟	民事調停
12年度	144	50（1040）	403309	15897	48627
13年度	168	65（1012）	333746	13240	42821
14年度	208	55（990）	319070	12109	40063
15年度	149	57（950）	321666	11542	37445
16年度	109	63（1093）	326170	11030	35708
17年度	99	64（990）	336383	10041	32704
18年度	94	48（1059）	341348	9310	30959
19年度	71	61（1033）	344101	8452	29764
20年度	68	48（1023）	309362	7944	26390

使紛争処理の現状と改革の方向については，拙稿「労働委員会における労使紛争処理の現状と課題」松山大学総合研究所所報115号（2021）48〜70頁）からすると，簡易裁判所の諸制度における労働関係事件の処理実績は明らかではないが，紛争調整委員会によるあっせんは，日本の公的な個別労働紛争解決制度において，大きな役割を果たしているということができる．

2）　紛争調整委員会によるあっせんの申請の内容

　あっせんの申請内容は，複数の事柄にまたがる事案もあるため2020（令和2）年度の合計で4510件となった中では，「いじめ・嫌がらせ」が1261件（全体の28.0％）と最も多く，次いで「解雇」が983件（同21.8％），「雇止め」が427件（同9.5％），「労働条件の引き下げ」が313件（同6.9％），「退職勧奨」が299件（同6.6％）等となっている．「解雇」の内訳は，「普通解雇」が790件（同17.5％），「整理解雇」が134件（同3.0％），「懲戒解雇」が59件（同1.3％）となっている（「令和2年度個別労働紛争解決制度の施行状況」15頁）．

　「いじめ・嫌がらせ」に関するものが多い点が，労働審判制度と異なるこの制度の特徴となっており（野田進「金銭解決の功罪──『ベテラン仕事人』たちのプライド──」季刊労働法218号（2007）212頁），徐々に全体に占める割合が増加しており，2014（平成26）年度以降は最も多い事案となっている（「令和2年度個別労働紛争解決制度の施行状況」10頁）．

　紛争調整委員会によるあっせんは，当事者双方に「紛争の存在」と「紛争の迅速かつ合理的解決の必要性」の認識があれば，いかなる事案にも適するものといえるが，とくに明確な証拠が乏しいことが多く，厳密な事実認定が困難ないしは多くの時間を要する事案に適した制度ということができるものであり，上記の申請内容は，それを実証していると解釈することができる．そのような事案は，とくに労働者においては，労働審判の申立書や民事訴訟の訴状に調製することが困難であることが多いものであり，申請書への簡単な記載により申請が可能な紛争調整委員会によるあっせんこそが，現実的かつ合理的な選択肢となる．

6　紛争調整委員会によるあっせんの処理状況

　あっせんの申請を受けたものの中で，2020（令和 2）年度内に処理したものは4289件で，合意成立が1450件（あっせんを開催せず合意の60件を含まない．合意成立率:32.4%），打切りが2654件（61.9%），申請の取下げが228件（5.3%），その他（あっせん過程で訴訟係争中等，対象外であることが判明した場合等）が17件（0.4%）となっている．

　手続終了件数全体を分母として計算することから低めに出てくる合意成立率は32.4%と低く，2004年度の44.9%から低下傾向にある．これは，被申請人に手続応諾義務がないことに加えて，無料で非常に簡便に申請ができるということで紛争とはいえないようなものも申請されることもあること等の理由から，被申請人の不参加を理由とする打切りが1812件（42.2%）もあることによるものである．被申請者であることの多い使用者参加率を向上させることが大きな課題として指摘されているが，厚生労働省自体も，あっせんが任意の制度であることを重視する政策から方針転換を行い，2015（平成27）年度当初から，都道府県労働局に対して，使用者の「あっせん参加率向上のため」の具体的な方策を講じるように号令をかけるようになった．その効果もあってか，当事者双方のあっせん参加率は，2011（平成23）年度の53.0%から，2019（令和元）年度は56.3%へと，徐々にではあるが上昇傾向をみせた．ところが，2020（令和 2）年度は48.4%と，コロナ禍の影響を受けてのことか，大きく低下している．

　あっせんが行われた事件の解決率は64.1%と比較的高く，調停成立と異議なしの労働審判で 8 割弱が終結する労働審判制度や，取下及び不開始を除く終結件数に対する解決件数の比率ということで 7 割前後と高く出てくる労政主管事務所のあっせんには及ばないものの，取下及び不開始を除く終結件数に対する解決件数の比率においても 4 割台の都道府県労働委員会のあっせんを大きく凌ぐ高さを維持している（「令和 2 年度個別労働紛争解決制度の施行状況」12頁及び「各機関における個別労働紛争処理制度の運用状況」）．非常に簡便に申請ができて，1 回の期日で，非常に簡易に実施されるわりに

表 2 - 4 　紛争調整委員会とその他の制度における合意成立率の推移

紛争調整委員会あっせん	2013	2014	2015	2016	2017	2018	2019	2020
手続終了件数中の和解率	39.1%	37.6%	39.3%	39.4%	38.3%	38.1%	36.2%	32.4%
あっせん開催件数中の和解率	67.1%	66.0%	64.5%	66.4%	65.8%	65.7%	62.4%	64.1%
都道府県労働委員会あっせん	54.9%	51.4%	46.2%	49.4%	45.3%	47.2%	45.0%	51.9%
労政主管事務所あっせん	72.5%	70.3%	69.8%	65.6%	73.2%	69.8%	72.2%	72.9%
労働審判	77.0%	76.0%	74.5%	77.7%	77.8%	77.3%	78.6%	75.1%

は，比較的高い解決率をもたらしており，機能的には，労働委員会や社労士会労働紛争解決センターのあっせん，労働審判制度等と決定的な違いはないとみることもできる．

　あっせん手続に要する期間としては，申請の受理からあっせん終了まで2カ月以内の処理を目安として運営が行われているが，1カ月以内が43.1％，1カ月超2カ月以内が36.4％となっており，2カ月以内の終了が79.5％と，迅速処理が実現し，望ましいものとなっている（「令和2年度個別労働紛争解決制度の施行状況」15頁）．

7　紛争調整委員会によるあっせんにより解決した事例

[1]　「いじめ・嫌がらせ」に係る紛争調整委員会によるあっせんの解決事例

　[事案の概要]　申請人は，正社員として勤務していたが，上司や同僚から威圧的な口調で叱責されたり人格を否定されたりするなどのいじめ・嫌がらせを受けたことが原因で不眠症等を発症したため，職場環境を改善して欲しい旨を本社担当者に求めたが，改善されず退職することとなった．事業主が職場環境の改善を講じなかったことによる精神的損害に対し70万円の慰謝料を求めたいとして，あっせんを申請したものである．

　[あっせんの概要及び結果]　あっせん委員が被申請人（事業主）の主張を確認したところ，被申請人は，申請人に対するいじめ・嫌がらせについては否定したものの，紛争の迅速な解決を図る観点から一定額の慰謝料を支払う用意はある旨を

申し出た．これを受けて，あっせん委員が双方譲歩可能な解決策を調整した結果，慰謝料として50万円を支払うことで合意が成立した（「令和２年度個別労働紛争解決制度の施行状況」19頁）．

［2］ 「雇止め」に係る紛争調整委員会によるあっせんの解決事例

[事案の概要] 申請人は，６カ月間の有期契約労働者として勤務していたところ，２度目の契約期間満了となる日の８日前に，上司から詳細な説明もなく，雇止めを通告された．申請人は，① 睡眠障害を有してはいたものの，これを理由として事業主から指導等を受けたことはないこと，② 勤務態度は良好だったこと，③ 継続勤務を希望していたところ，適切な説明もないまま雇止めされることに納得ができないため，雇止めによる経済的・精神的損害に対し，50万円の補償金を求めたいとして，あっせんを申請したものである．

[あっせんの概要及び結果] あっせん委員が事業主の主張を確認したところ，事業主は，申請人が，度々，① 業務中に睡眠をとっていたこと，② 会計時の計算ミスにより代金不足が生じ，会社が補填していたことがあったため，雇止めを行うこととしたが，これらの行為に対して指導等を行っていなかったことや雇止めの理由を説明していなかった，ということであった．これを受けて，あっせん委員が，「有期労働契約の締結，更新及び雇止めに関する基準」（労働基準法14条２項．平成15・10・22厚生労働省告示357号．）に基づいて，少なくとも当該契約期間の満了する日の30日前までに更新しないことを予告しなければならない旨を説明し，事業主に譲歩の余地を確認したところ，解決金として12万円を支払うことで合意が成立し，解決するところとなった（「令和元年度個別労働紛争解決制度の施行状況」18頁）．

第4節　雇用環境・均等部（室）所管の雇用機会均等法等に基づく個別労働紛争解決制度

1　労働局長による助言・指導・勧告（紛争解決の援助）

1）　労働局長による助言・指導・勧告の意義

　雇用機会均等法17条やパートタイム・有期雇用労働法24条，育児介護休業法52条の4，労働施策総合推進法30条の5に基づいて，それぞれの法が定める事業主の措置に関する労使紛争に関して，当事者の双方又は一方から解決につき援助を求められた場合に，労働局長が必要な助言・指導・勧告を行うのが，個別紛争解決の援助である．

　助言・指導については，個別労働紛争解決促進法4条に基づく助言・指導と同様のものであり，雇用機会均等法29条やパートタイム・有期雇用労働法18条1項及び19条，育児介護休業法56条，労働施策総合推進法33条，35条及び36条に基づいて，法違反のあった事業場に対して行う是正指導としての助言・指導・勧告とは別個のものであることに留意する必要がある．

2）　雇用機会均等法に関する助言・指導・勧告

　2020（令和2）年度の雇用機会均等法に関する助言・指導・勧告の申立受理件数は234件（前年度比5.5％減）で，その内容は，婚姻，妊娠・出産等を理由とする不利益取扱いが129件（55.1％），セクシュアルハラスメント措置義務が80件（34.2％）と多くなっている．

　2020（令和2）年度中に援助を終了した240件（前年度受理した案件を含む）のうち，約7割の165件について，助言・指導・勧告の結果，解決している（「令和2年度都道府県労働局雇用環境・均等部（室）での男女雇用機会均等法，労働施策総合推進法，パートタイム労働法，パートタイム・有期雇用労働法及び育児介護休業法に関する相談，是正指導，紛争解決の援助の状況について」7頁）．

[紛争解決の援助事例：昇進・昇格についての差別的取扱い]

[事案の概要] 男女差別的取扱いがあるため，男性が先に昇進したとして，女性労働者から，会社に対し公正な人事評価を求める援助の申立てがあった．女性労働者は，雇用管理区分も業務内容も同じであるにもかかわらず，勤続年数の長い自分よりも先に，入社したばかりの男性が昇進したのは，男女差別的取扱いがあるためであり，性別によらない公平な人事評価を求めると主張した．事業主は，明確な人事評価基準はないものの，決定にあたっては，社内的な効果や勤務状況を踏まえ，対象者リストを作成し，三役での話し合いにより決定しているものであり，男女差別によるものではないと主張した．

[援助内容] 実態として男性に比べ女性の昇進が遅れており，明確な昇進基準がないことや，会社から申立者へ検討結果や理由の説明が行われていないことから，申立者は性別による差別によるものと推測しており，意欲をなくしている．公正かつ透明な昇進・昇格基準を構築することが，労働者個人の能力発揮につながり，企業の活性化にもつながることを事業主に説明し，申立者への理由の説明及び昇進を含め，今後の対応を検討するように助言した．

[結果] 事業主は，申立者の思いを真摯に受け止め，公正・透明な人事評価制度を構築し，それに基づき，申立者の格付けを行うこととした．事業主から申立者へ新たな評価制度を含めた説明がなされ，双方が納得し，援助を終了した（厚生労働省都道府県労働局雇用環境均等部（室）令和2年8月作成パンフレットNo.9『職場のトラブルで悩んでいませんか？』8頁）．

3）　パートタイム・有期雇用労働法に関する助言・指導・勧告

パートタイム・有期雇用労働法は，2020（令和2）年4月1日に施行され大企業に適用されており，同法に関するものは48件であった．その内容は，不合理な待遇の禁止が23件（47.9％），待遇の相違等に関する説明が18件（37.5％）と多くを占めている．2020（令和2）年度中に援助を終了した

42件のうち，16件（38.1％）について，助言・指導・勧告の結果，解決している．

なお，2020（令和2）年度においては中小企業にのみ適用されているパートタイム労働法に関するものは0件であった（「令和2年度都道府県労働局雇用環境・均等部（室）での男女雇用機会均等法，労働施策総合推進法，パートタイム労働法，パートタイム・有期雇用労働法及び育児介護休業法に関する相談，是正指導，紛争解決の援助の状況について」15及び18頁）．

［紛争解決の援助事例：通勤手当の支給に不合理な待遇差があるとする事例］

［事案の概要］ 正社員に支給される通勤手当がパートタイム労働者に支給されないことは，パートタイム労働者であることを理由とする不合理な待遇差であるとして，その支給を求めて紛争解決援助の申立が行われた．会社は，正社員は店舗の異動がありうるため通勤手当を支給しているもので，パートタイム労働者は店舗の異動はなく勤務先店舗の近隣から通える者を採用しており，通勤手当を支給しないことは不合理な待遇差ではないと主張した．

［援助内容］ 通勤手当の支給は通勤に要する交通費の補填が目的であり，パートタイム労働者が実際に交通費を負担していることから，店舗の異動がないことを理由に通勤手当を支給しないことは不合理であり，会社に対し，パートタイム労働者に通勤手当を支給するよう助言した．

［結果］ 助言を受け，会社は，パートタイム労働者に対し正社員と同様に通勤手当を支給することとしたため，援助は終了した（『職場のトラブルで悩んでいませんか？』10頁）．

4）　育児介護休業法に関する助言・指導・勧告

育児介護休業法に関するものは169件（前年比17.4％増）で，その内容は，育児関係が160件で，育児休業に関する不利益取扱いが92件，育児休業が

30件，所定労働時間の短縮措置等が10件，期間雇用者の育児休業が８件等となっている．

　介護関係は９件で，介護休業が３件，不利益取扱いが３件，労働者の配置に関する配慮が２件等となっている．

　2020（令和２）年度中に援助を終了した175件のうち，130件（74.3%）について，助言・指導・勧告の結果，解決している（「令和２年度都道府県労働局雇用環境・均等部（室）での男女雇用機会均等法，労働施策総合推進法，パートタイム労働法，パートタイム・有期雇用労働法及び育児介護休業法に関する相談，是正指導，紛争解決の援助の状況について」24頁）．

［紛争解決の援助事例：育児休業取得を理由とする職種変更］

　［事案の概要］ 営業職（総合職）で採用された労働者が，育児休業からの復帰にあたり，事務職（一般職）での復帰しか認めないという事業主に対し，休業前の営業職での復帰を求める援助の申立てがあった．労働者は，育児休業からの復帰にあたり，事務職での復帰しかなく，事務職の賃金表が適用されるので，基本給が下がると言われた．事務職での復帰ができない場合にはどうなるかと聞いても，事務職しかないとの回答で，退職とは言われないが，退職勧奨のようであり，休業前の営業職での復帰を求めると主張した．事業主は，事務職であれば，転勤がなく残業も少ないので働き続けやすいと思い，提案した．育児休業を取得している申立者以外には，事務職への転換を勧めることはしていないと主張した．

　［援助内容］ 育児休業を取得している申立者のみに，事務職への転換を勧めることは，育児休業を取得したことを理由とする不利益取扱いにあたる可能性があることから，営業職として復帰させるように助言した．

　［結果］ 申立者は，休業前の職場に営業職として復帰できることになり，援助は終了した（『職場のトラブルで悩んでいませんか？』８頁）．

5）　労働施策総合推進法に関する助言・指導・勧告

　労働施策総合推進法に関するもの（2020（令和2）年6月1日施行）は308件で，その内容は，パワーハラスメント防止措置が280件（90.9％），パワーハラスメントの相談を理由とした不利益取扱いが28件（9.1％）となっている．

　2020（令和2）年度中に援助を終了した277件のうち，145件（52.3％）について，助言・指導・勧告の結果，解決している（「令和2年度都道府県労働局雇用環境・均等部（室）での男女雇用機会均等法，労働施策総合推進法，パートタイム労働法，パートタイム・有期雇用労働法及び育児介護休業法に関する相談，是正指導，紛争解決の援助の状況について」11頁）．

［紛争解決の援助事例：パワハラ防止措置が講じられていないとする事例］

　［事案の概要］上司にパワハラを受け会社に相談したが，何の対応もなく休業中である．復職するにあたり，上司からの謝罪，パワハラ防止のための事業主の方針の明確化，社内における周知を行うよう紛争解決援助の申立をした．会社は，申立者はケアレスミスが多く，期限を守れない等の問題があり，上司もきつい口調の注意になったが，業務指示の範囲であり，パワハラではないと考えているが，パワハラ防止のための事業主の方針の明確化や社内における周知を行ってはいなかった．

　［援助内容］パワハラ防止のための事業主の責務を説明し，パワハラ防止のための雇用管理上の措置を講じることが義務であること，パワハラ行為の事実が確認できなかった場合においても，再発防止措置を講じる必要があることを含め，今後の対応を検討するように助言した．

　［結果］今後同様の事案が発生しないよう，パワハラ防止のための雇用管理上の措置義務を果たすということで双方が納得し，援助は終了した（『職場のトラブルで悩んでいませんか？』10頁）．

2　雇用機会均等法等に基づく紛争調整委員会による調停

1）　紛争調整委員会による調停の歴史

　1986（昭和61）年施行の雇用機会均等法に基づく調停は，3名の委員から成る機会均等調停委員会が行うものとされていた．当初は，手続の開始に相手方の同意が必要とされ，開店休業状態にあった．そこで，1999（平成11）年4月1日施行の改正法により，一方当事者からの申請で開始を可能としたが，1999年度に一時的に年間31件と増加しただけで，11件の申立てがあった2002（平成14）年度を除き，一桁台の件数で低迷していた．

　2001（平成13）年10月1日施行の個別労働紛争解決促進法の制定に際しては，行政の効率化等の観点から，機会均等調停委員会を紛争調整委員会に発展的に改組して，雇用機会均等法に基づく調停は，個別労働紛争解決促進法6条1項に基づく紛争調整委員会の委員のうちから指名される3名の委員により組織される「機会均等調停会議」が行うものとされた（拙稿「雇用機会均等法に基づく機会均等調停会議による調停の実際」松山大学総合研究所所報66号（2010）15頁）．

　また，2007（平成19）年4月1日施行の改正雇用機会均等法で，セクハラに関する規制を強化し，セクハラを主たる原因とする紛争は，個別労働紛争解決促進法に基づく紛争調整委員会による「あっせん」の対象からはずし，雇用機会均等法に基づく調停の専属管轄対象とした．そして，雇用機会均等法に基づく調停の本格的稼動に備えて，紛争調整委員会の委員から指名される1名の調停委員により調停を行うことも可能とされ（拙著『日本における労使紛争処理制度の現状』150頁以下），1名で行うのが現在の運用の原則となっている．

　そして，雇用機会均等法に基づく調停と同様の制度が，雇用環境・均等部（室）が所管する，2008（平成20）年4月施行の改正パートタイム労働法（2020年4月からはパートタイム・有期雇用労働法）や2010（平成22）年4月施行の改正育児介護休業法，2020（令和2）年6月施行の改正労働施策総合推進法，職業安定部が所管する2016（平成28）年4月施行の改正障害者雇用

促進法や2020（令和２）年４月施行の改正労働者派遣法により整備される
に至っており，それぞれ「均衡待遇調停会議」，「両立支援調停会議」，「優
越的言動問題調停会議」，「障害者雇用調停会議」，「派遣労働者待遇調停会
議」の名称で行われている．

2）　紛争調整委員会による調停手続

　紛争調整委員会による調停手続においても，あっせんと同様，紛争当事
者を和解に導くために，個別に，事実確認や意見聴取を行うことになるが，
調停は，あっせんとは異なり，担当調停委員を決めて手続を１人で行うと
きにも，和解案の提示は，他の２名の委員の同意を得た上で，必ず「調停
案」という文書の形で示して，当事者に，その受諾を迫るという運用をす
るものとされているので，あっせんは原則１回の期日で行うのが原則と
なっているが，調停手続では，必要に応じて何回でも期日が設けられるも
のとされている．労働審判手続で通常行われている口頭による「調停」よ
りも慎重な手続になっている．

　そこで，調停手続への対応には，より高い専門性が求められることにな
り，使用者側としては，よく勉強している担当者が，特定社会保険労務士
や労働法に詳しい弁護士等の専門家の支援を受けて対応することが得策と
なる（拙稿「日本における労使紛争処理の実態」松山大学総合研究所所報102号（2019）
35頁）．

　特定社会保険労務士や労働法に詳しい弁護士等の専門家が代理人や補佐
人として調停手続に参加することにより，調停委員が当事者に対して行う
法的視点からの説明等が容易になり，当事者の理解が深まり，調停作業に
とってプラスの効果が期待できるとともに，受諾可能性の高い調停案の作
成にも役立つものと考えられる（拙稿「雇用機会均等法に基づく機会均等調停会
議による調停の実際」49頁）．

　紛争調整委員会（機会均等・均衡待遇・両立支援・優越的言動問題・障害者雇用・
派遣労働者待遇調停会議）の調停手続の流れについては**図２−２**を参照のこと．

図2-2　紛争調整委員会における調停手続の流れ

【機会均等・均衡待遇・両立支援・優越的言動問題・障害者雇用・派遣労働者待遇：調停会議】

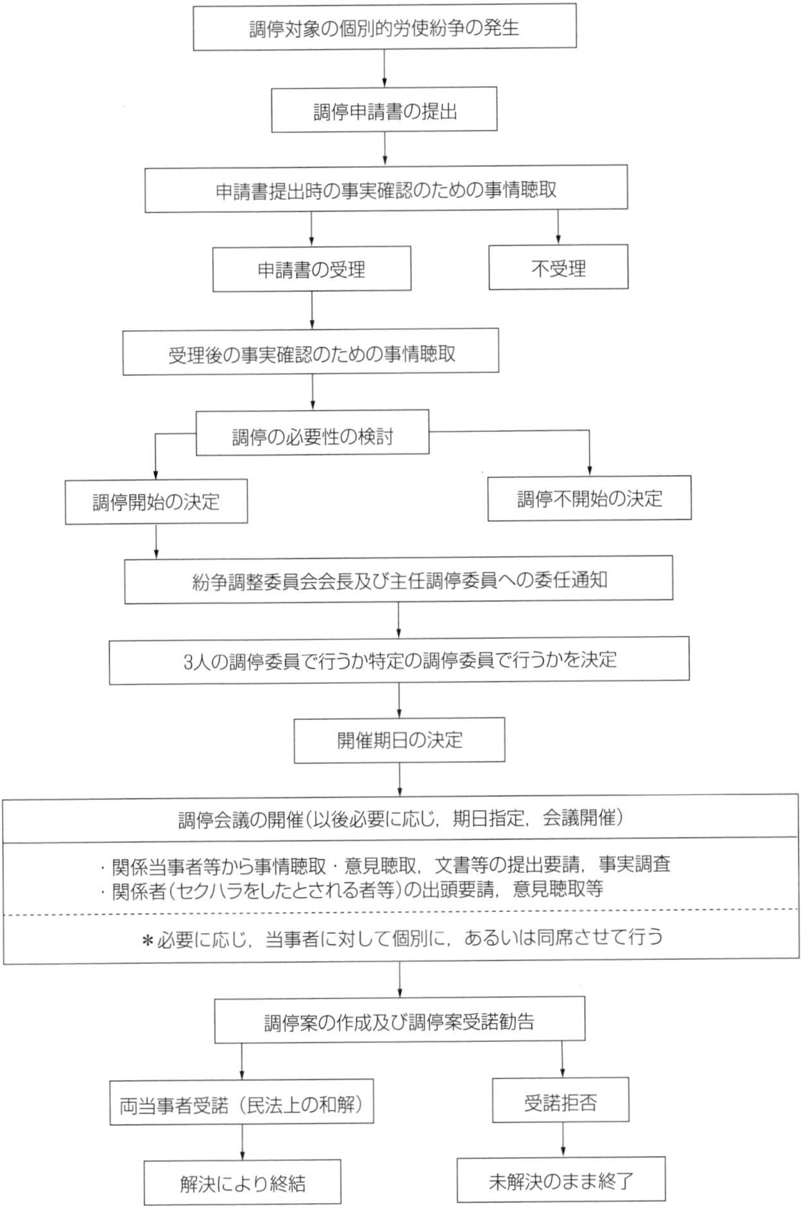

調停対象の個別的労使紛争の発生

調停申請書の提出

申請書提出時の事実確認のための事情聴取

申請書の受理 ／ 不受理

受理後の事実確認のための事情聴取

調停の必要性の検討

調停開始の決定 ／ 調停不開始の決定

紛争調整委員会会長及び主任調停委員への委任通知

3人の調停委員で行うか特定の調停委員で行うかを決定

開催期日の決定

調停会議の開催(以後必要に応じ，期日指定，会議開催)

・関係当事者等から事情聴取・意見聴取，文書等の提出要請，事実調査
・関係者(セクハラをしたとされる者等)の出頭要請，意見聴取等

＊必要に応じ，当事者に対して個別に，あるいは同席させて行う

調停案の作成及び調停案受諾勧告

両当事者受諾（民法上の和解） ／ 受諾拒否

解決により終結 ／ 未解決のまま終了

3）　雇用機会均等法に基づく機会均等調停会議による調停の現状

　2020（令和２）年度の雇用機会均等法に基づく機会均等調停会議による調停の申請受理件数は68件（前年度と同数）であった．その内容は，セクシュアルハラスメント（法11条関係）が48件，妊娠・出産等を理由とした不利益取扱い（法９条関係）が10件，妊娠・出産等に関するハラスメント（法11条の２関係）が７件，配置・昇進・降格・教育訓練等（法６条関係）が２件となっている．

　前年度において受理したものも含めて2020（令和２）年度において62件の調停が開始され，24件に関して調停案の受諾勧告が行われ，19件について双方が調停案を受諾し，解決に至っている．調停開始事件数を分母とする解決率は30.6％とあまり高くはないが，調停案受諾勧告事件数を分母とする解決率は79.2％と非常に高くなっている．調停案作成にまで至らない事件の割合が高く，調停案作成率は38.7％と２件に１件にも満たない数字で，例年，30％台から60％台で推移している（「令和２年度都道府県労働局雇用環境・均等部（室）での男女雇用機会均等法，労働施策総合推進法，パートタイム労働法，パートタイム・有期雇用労働法及び育児介護休業法に関する相談，是正指導，紛争解決の援助の状況について」８頁）．

　制度的には，当事者の一方の申請で調停手続が動き出し，被申請人には出頭の義務が課せられているが（均等則８条１項前段．他の４つの法に基づく調停においても同様），手続が開始されても，被申請者の出席が得られず，実質的な調停作業に入ることができない，あるいは当事者間の意見の隔たりが大きいこと等から，受諾可能性が無いとはいえない調停案を見出せない等の理由で，手続を打切りにより終了せざるを得ない事案が多くなっているようである．

　受諾可能性を非常に意識した調停案作成という運用になっているが，それが被申請者（事業主）側の実質的な不参加によるものが多くの部分を占めるようであれば，何らかの制度的対応を考える必要がある（拙著『入門個別的労使紛争処理制度——社労士法第８次改正を踏まえて——』114頁）．

［調停事例：妊娠を理由とする退職の強要］

　[**事案の概要**]　労働者が事業主に妊娠を報告したところ，執拗な退職の強要を受けたとして，事業主に対し，金銭的解決を求める調停の申請が行われた．労働者は，退職の強要は，妊娠の報告直後から始まったものであり，妊娠したことが明らかに退職強要の理由である．強要により就業継続が困難となり，退職せざるをえなくなったため，働き続けていれば本来得られたはずの期間の賃金補償を求めると主張した．事業主は，退職勧奨の理由は，妊娠の報告を受ける以前からの申請人の資質や協調性について改善の見込みがないと判断したためであり，妊娠を理由とする退職の強要ではないと主張した．

　[**調停の結果**]　調停委員は，申請人が妊娠の報告をした時期と，事業主が退職勧奨を行った時期が近接していることなどの事情を総合的に勘案した結果，妊娠を理由とした退職強要があったと推測されることから，紛争の解決のため，申請人に対する解決金の支払いについての調停案を作成し，受諾を勧告したところ，双方が受諾し，調停は終了した（『職場のトラブルで悩んでいませんか？』14頁）．

4）　パートタイム・有期雇用労働法に基づく均衡待遇調停会議による調停の現状

　パートタイム・有期雇用労働法は，2020（令和 2）年 4 月 1 日に施行され大企業に適用されており，同法に関するものは16件であった．その内容は，不合理な待遇の禁止が 9 件（法 8 条関係），差別的取扱いの禁止（法 9 条関係）が 4 件，待遇の相違等に関する説明（法14条 2 項関係）が 3 件であった．2020（令和 2）年度に16件が調停を開始した．詳細は不明であるが，調停案の受諾勧告に至ったものはなく，受諾勧告前に和解した事案や打ち切った事案，翌年度への繰り越し事案となっている．

　なお，2020（令和 2）年度においては中小企業にのみ適用されているパートタイム労働法に関するものは 0 件であった（「令和 2 年度都道府県労働局雇用環境・均等部（室）での男女雇用機会均等法，労働施策総合推進法，パートタイム

労働法，パートタイム・有期雇用労働法及び育児介護休業法に関する相談，是正指導，紛争解決の援助の状況について」15及び19頁）．

［調停事例：契約社員に対する不合理な待遇差となる賞与の不支給］

　［事案の概要］労働者は，正社員に対して支給される賞与が契約社員に支給されないことは，有期雇用労働者であることを理由とする不合理な待遇差であるとして，賞与の支給を求める調停の申請を行った．労働者は，上司に対し賞与が支払われない理由の説明を求めても，「契約社員だから」との回答しか得られず，納得できないので，賞与の支給を求めると主張した．事業主は，賞与は業績に対する功労報償のために支給しており，正社員と契約社員とでは業績への貢献度が異なるため，契約社員に賞与を支給しないことは不合理な待遇差ではないと主張した．

　［調停の結果］調停委員は，賞与の性質・目的及び支給基準を踏まえると，契約社員も業績に対し一定の貢献をしているものと考えられることから，賞与を支給しないことは不合理な待遇差と認められうると判断し，賞与の支給に関する調停案を作成し，受諾を勧告したところ，双方が受諾し，調停は終了した（『職場のトラブルで悩んでいませんか？』15頁）．

5）　育児介護休業法に基づく両立支援調停会議による調停の現状

　2020（令和2）年度の育児介護休業法に基づく両立支援調停会議による調停の申請受理件数は15件（前年度と同数）であった．その内容はすべてが育児関係で，育児休業（法5条関係）が4件，育児休業に係る不利益取扱い（法10条関係）が4件，休業等に関するハラスメントの防止措置（法25条関係）が3件，所定労働時間の短縮措置等（法23条1項関係）が2件等となっている．

　2020（令和2）年度において13件の調停が開始され，11件に関して調停案の受諾勧告が行われ，7件について双方が調停案を受諾し，解決に至っている（「令和2年度都道府県労働局雇用環境・均等部（室）での男女雇用機会均等法，

労働施策総合推進法，パートタイム労働法，パートタイム・有期雇用労働法及び育児
介護休業法に関する相談，是正指導，紛争解決の援助の状況について」25頁）．

[調停事例：事業主の説明不足による育児休業の取得不能]

　[事案の概要]　労働者は，本来取得可能であった育児休業を，事業主の解釈の誤
りにより取得できず，産休後すぐに職場復帰せざるを得なかったことから，保育
園の費用などについて補償を求める調停の申請を行った．労働者は，事業主に出
産予定日を伝え，育児休業を取得できるか確認したところ，勤続年数が短く取得
できないと言われたが，産休中に適切な申出をすれば，本来は取得可能であった．
事業主が対応の間違いを謝罪することや，本来は育児休業をすることができた期
間の保育園にかかった費用，家族にかけた負担などを換算し，金銭的な補償を求
めると主張した．事業主は，育児休業の取得について，説明不足であったことは
認め謝罪は行いたいが，金銭的な補償は受け入れがたいと主張した．

　[調停の結果]　調停委員は，育児休業が取得できなかったことについて，事業主
の説明不足があったことを指摘し，申請人に対して謝罪することと解決金を支払
うことについての調停案を作成し，受諾を勧告したところ，双方が受諾し，調停
は終了した（『職場のトラブルで悩んでいませんか？』14頁）．

6)　労働施策総合推進法に基づく優越的言動問題調停会議による調停の現状
　労働施策総合推進法に関するもの（2020（令和2）年6月1日施行）は126
件で，その内容は，パワーハラスメント防止措置（法30条の2・1項関係）
が115件（91.3%），パワーハラスメントの相談を理由とした不利益取扱い（法
30条の2・2項関係）が11件（8.7%）となっている．
　2020（令和2）年度において117件の調停が開始され，6件に関して調停
案の受諾勧告が行われ，6件全てについて双方が調停案を受諾し，解決に
至っている．残りの111件のうち，24件は受諾勧告前の和解に至っている
（「令和2年度都道府県労働局雇用環境・均等部（室）での男女雇用機会均等法，労働

施策総合推進法，パートタイム労働法，パートタイム・有期雇用労働法及び育児介護休業法に関する相談，是正指導，紛争解決の援助の状況について」12頁）．

　調停案の受諾勧告に至ったものがごく少数に止まっていることは，パワーハラスメント事案では，事実の確認が困難であり，かつまた，業務上の適正な指導との境界が曖昧なものも少なくないことなどから，当事者双方にとって受諾可能性のある調停案を見いだすことが困難となるものが多いということに起因するものであろう．受諾勧告前の和解が24件も報告されていることからすると，優越的言動問題調停会議では，調停案の作成にこだわることなく，紛争の解決に向けて柔軟に手続を運用している様子がうかがわれ，非常に望ましいものと評価することができる．

［調停事例：パワハラにより退職に追い込まれたとする事例］

　［事案の概要］ 労働者は，同僚の前で上司から大声で繰り返し叱責される日々に耐えられず，会社の相談窓口に相談したところ，上司からの叱責が更に激しくなり，精神的に就業継続が困難となり退職を余儀なくされたことから，会社に対し慰謝料を求める調停の申請を行った．労働者は，パワハラを受けて辞めざるを得なくなったのは，会社のパワハラ対策が不十分で，上司にパワハラをしてはならないとの認識がないためであるので，精神的ダメージによる慰謝料を求めると主張した．事業主は，事実確認を行ったところ，業務上の指導の一環であると上司は主張したが，誤解を招く言動について厳しく注意し，十分対応しており，慰謝料を支払うつもりはないと主張した．

　［調停の結果］ 調停委員は，今回の紛争の生じた原因に会社の対応不足があったことを指摘し，紛争解決を図るため，申請人に対する慰謝料の支払い及び意識啓発などの再発防止対策を含め，法に沿ったパワハラ対策を講ずべきとする調停案を作成し，受諾を勧告したところ，双方が受諾し，調停は終了した（『職場のトラブルで悩んでいませんか？』16頁）．

第 5 節　職業安定部所管の障害者雇用促進法等に基づく 個別労働紛争解決制度

1　障害者雇用促進法等に基づく個別労働紛争解決制度

　都道府県労働局では，雇用環境・均等部（室）が所管する雇用機会均等法等に基づく個別労働紛争解決制度と同様の制度が，2016（平成28）年 4 月施行の障害者雇用促進法や，2020（令和 2 ）年 4 月施行の労働者派遣法の改正により整備されており，職業安定部が所管している．

　労働者派遣法に基づく制度については，運用の開始からまだ間がない状況にあり，その実績の公表は行われていない（2016（平成28）年 4 月施行の障害者雇用促進法に基づく制度の実績については，運用開始の 5 年目である2020（令和 2 ）年から毎年公表されている）．

2　障害者雇用促進法に関する労働相談

　2020（令和 2 ）年度の全国の公共職業安定所に寄せられた障害者雇用促進法に関する相談件数は246件（前年度比3.1％減）で，障害者差別禁止に関するものが69件（同8.0％減），合理的配慮に関するものが177件（同1.1％減）となっている．相談者の内訳は，障害者からが232件，事業主からが 9 件，その他（家族等）が 5 件であった（「雇用の分野における障害者の差別禁止・合理的配慮の提供義務に係る相談等実績（令和 2 年度）」 3 頁）．

3　労働局長による助言・指導・勧告（紛争解決の援助）
1 ）　労働局長による助言・指導・勧告の意義

　障害者雇用促進法74条の 6 に基づく労働局長による個別紛争解決の援助（助言・指導・勧告）も，助言・指導は，個別労働紛争解決促進法 4 条に基づく助言・指導と同様のものであり，それぞれの法が定める事業主の措置に関する労使紛争に関して，当事者の双方又は一方から解決につき援助を求められた場合に，労働局長が必要な助言・指導・勧告を行うものである．

　助言・指導については，個別労働紛争解決促進法4条に基づく助言・指導と同様のものであり，障害者雇用促進法34条，35条及び36条の2から36条の4に基づいて，法違反のあった事業場に対して行う是正指導としての助言・指導・勧告とは別個のものであることに留意する必要がある．

2）　障害者雇用促進法に関する助言・指導・勧告

　2020（令和2）年度の助言・指導・勧告の申立受理件数は12件（前年度比9件増）で，障害者差別禁止に関するものが3件，合理的配慮に関するものが9件となっている．

　2020（令和2）年度中に申立てがあったもののうち，詳細は明らかではないが，援助により1件が解決に至り，5件が事業主の自主的な取組等により解決が図られ終了した（「雇用の分野における障害者の差別禁止・合理的配慮の提供義務に係る相談等実績（令和2年度）」4頁）．

［紛争解決の援助事例：合理的配慮］

　［事案の概要］障害があることを人事課と上司以外に開示することを希望しないが，現在，障害特性に応じた業務内容の調整が行われず，職場の同僚への遠慮から通院のための休暇を取得しづらいなど，心身の負担が大きいと，事務職の労働者（精神障害）から，援助の申立てがあった．

　［援助内容］事業主への聴取の結果，法違反は確認されなかったが，申立者の求める合理的配慮の内容等について事業主に説明を行い，申立者との話し合いを行うよう助言した．

　［結果］事業主は，申立者と面談を行い，申立者の求める合理的配慮の内容を踏まえ，対人業務を免除するとともに，申立者の希望する範囲での説明を職場内で行うなど対応を改善するところとなった（厚生労働省職業安定局障害者雇用対策課2020年6月22日公表「雇用の分野における障害者の差別禁止・合理的配慮の提

供義務に係る相談等実績（令和元年度）」（厚生労働省HP）7 頁）．

4　障害者雇用促進法に基づく紛争調整委員会による調停

1）　障害者雇用促進法に基づく障害者雇用調停会議による調停の現状

　2020（令和 2）年度の障害者雇用促進法に基づく障害者雇用調停会議による調停の申請受理件数は 5 件（前年度比 8 件減）で，障害者差別禁止に関するものが 1 件，合理的配慮に関するものが 4 件となっている．2020（令和 2）年度中に申請を受理し，調停を開始した 5 件のうち 2 件については，双方が調停案を受諾し，解決に至っている（「雇用の分野における障害者の差別禁止・合理的配慮の提供義務に係る相談等実績（令和 2 年度）」5 頁）．

［調停事例：合理的配慮］

　［事案の概要］ 労働者（精神障害/販売）は，従来担当とされなかった業務の実施を指示されるも遂行できず，職場からのフォローもないまなかで離職を余儀なくされたことから，経済的・精神的損害に対する補償金の支払いを求めたいとして調停の申請を行った．

　［調停の結果］ 調停委員が被申請人の主張を聴取したところ，指導や業務遂行に関する合理的配慮の取組の不足を認めた．調停委員が，早期解決のために双方が譲歩可能な解決策を調整した結果として，被申請人が，企業として合理的配慮に向けた一層の努力と取り組みを行うこと，解決金を支払うこと等を内容とする調停案の受諾勧告を行ったところ，双方が受諾し，調停は終了した（「雇用の分野における障害者の差別禁止・合理的配慮の提供義務に係る相談等実績（令和 2 年度）」7 頁）．

第3章　都道府県による個別的労使紛争処理

第1節　都道府県における個別的労使紛争処理機関

1　都道府県労働委員会

　労働委員会は，集団的労使紛争の解決を援助するために設立された，公益・労働者・使用者の三者構成の委員からなる独立の行政委員会であり，1946（昭和21）年3月1日に発足し，70年以上の歴史を有する（全国労働委員会連絡協議会事務局編『労働委員会七十年の歩み』（全国労働委員会連絡協議会，2016）501頁．労働委員会制度の歴史やその役割，課題などについては，宮里邦雄「労働委員会制度七〇周年——今後の労働委員会への期待と課題——」月刊労委労協2016年5月号2～22頁参照）．

　国に中央労働委員会，都道府県に都道府県労働委員会があり，都道府県労働委員会は，都道府県における行政委員会であり知事の所轄に属するが（労組法19条の12・1項），労働組合法や労働関係調整法に規定された権限の行使については，都道府県知事の指揮監督を受けないものとされている．

　都道府県労働委員会では，2001（平成13）年4月から，地方自治法180条の2の規定により知事から事務の委任を受けて個別的労使紛争をも扱うようになっており，現在では，東京都，兵庫県，福岡県を除く，44の道府県労働委員会において，個別的労使紛争のあっせんや労働相談を行うようになっている（拙稿「労働委員会による個別的労使紛争処理」『法と政治の現代的諸相 松山大学法学部開設二十周年記念論文集』（ぎょうせい，2010）381頁）．

2　労政主管事務所

　労政主管事務所は，地方自治法附則第 4 条第 2 項に基づいて，都道府県知事により任意に設置され，労働相談や労働組合調査等を行っている機関である．

　歴史的には，終戦直後に改組された勤労署から，1947（昭和22）年 4 月に公共職業安定所を分離して発足したものであり，設置の目的は，戦後の民主化政策の一環として「労働者の開放と地位の向上，労働運動の助成等」を進めることにあった（宇都宮昌城「労働委員会から見た労政事務所」中央労働時報892号（1995）32頁）．当初は労政関係業務と労働基準監督業務を所管していたが，1947（昭和22）年 9 月の労働基準法施行に伴い，労働基準監督業務が労働基準監督署に移管されて以後は，「労働者の地位向上，労使間の円滑な調整と自主的な労働組合の育成助長」等を主管する都道府県の労政主管部局の下にある出先機関となっている（鈴木信「労働相談のワン・ストップ・サービス機能強化を──都道府県労政事務所の再構築を求めて──」労働調査1999年11月12日号37頁）．

　都道府県により機能の程度や処理実績に大きな格差があり，大都市を抱える東京都や神奈川県，大阪府，福岡県等では，労政主管事務所の行う労働相談やあっせんが，個別的労使紛争の処理に大いに活躍してきたが，近年においては，労政主管事務所が存在しないところも出てきているようである．

　たとえば，高知県については，「平成12年 4 月の地方分権一括法施行により，労働委員会の業務が自治事務に移行されたことや，実質的には個別的労使紛争といえる調整事件が増加してきたことから，高知県労委では，知事部局から労働相談業務を引き取るとともに平成13年 4 月から，全国に先立って，個別的労使紛争も取り扱うこととし」た，と述べられている（下元敏晴「個別的労使紛争について」中央労働時報1154号（2012） 3 頁）．

　労政主管事務所の名称は多様であり，労働相談情報センター（東京都や長崎県），労働センター（神奈川県），労政事務所（栃木県や長野県），中小企業

労働相談所（山梨県や京都府など），労働相談センター（大阪府），労働者支援
事務所（福岡県）といったものがある．

　特段の名称が付されておらず，担当部課や地方事務所の一部となってい
るところも少なくなく，それらの中には，労政主管事務所としての実態を
有しないものも多く含まれているものと思われる（拙著『日本の労使関係法』
（晃洋書房，2012）166頁）．

　たとえば，青森県では，労政・能力開発課の総務・労働福祉グループが
労働相談に対応しているが，2020（令和2）年度の労働相談件数は13件となっ
ており（青森県商工労働部労政・能力開発課「労働相談状況について」青森県庁
HP），相談対応の中心は，労働局や労働委員会など適切な関係機関の紹介
となっている．

　なお，労政主管事務所における労働相談やあっせんは，個別的労使紛争
に関するものが大多数を占めるが，集団的労使紛争や労働組合の結成・運
営に関するものにも対応することに留意する必要がある（労政主管事務所に
おける労使紛争処理について詳しくは，拙稿「労政主管事務所における労使紛争処理
の現状」松山大学総合研究所所報92号（2017）参照）．

3　都道府県労働委員会と労政主管事務所との連携
1）　一般的な連携のパターン

　北海道や千葉県，愛知県，広島県などのように，労働委員会が，個別的
労使紛争のあっせんを行っているにもかかわらず，独自に労働相談を行っ
ていないところでは，労政主管事務所の労働相談と労働委員会の個別的労
使紛争のあっせん制度が連携する必要がある．

　たとえば，北海道では，「労働相談ホットライン」を設け，労働問題の
専門家である社会保険労務士が，祝日と12月29日から1月3日を除いて，
月～金曜日は17時から20時まで，土曜日は13時から16時まで，フリーダイ
ヤル（0120-81-6105）で労働相談を受けるとともに，全道に点在する15カ所
の地域の総合振興局・振興局に設けられている中小企業労働相談所におい

ても，祝日と12月29日から１月３日を除いて，月〜金曜日の９時から17時30分まで労働相談を受け付けて，相談者の意向や事案内容に応じて，北海道労働委員会の個別的労使紛争のあっせん制度に誘導している．その効果も現れており，北海道労働委員会の個別的労使紛争のあっせんの新規係属件数は，他の労働委員会に比べて多数となっており，2020（令和２）年度においても，全国で最多の27件となっている（中央労働委員会「個別労働紛争に関する相談・助言，あっせん件数令和２年度」中央労働委員会HP）．

　また，労政主管事務所において，いわゆる「あっせん」まで行わないところで，かつ，同じ都道府県の行政機関である労働委員会が個別的労使紛争のあっせんを行っているところでは，労働委員会が独自に労働相談を行っているか否かに関わりなく，相談者の意向や事案内容に応じて，労働委員会のあっせんに誘導するのが通常のあるべき連携の姿となる．

　たとえば，鳥取県中小企業労働相談所（愛称「みなくる」）は，非常に丁寧に労働相談を行い，適した案件については労働委員会のあっせんへと誘導し，個別的労使紛争のあっせんにおいて常に全国トップクラスの処理実績を誇る鳥取県労働委員会を支える存在になっている（拙稿「労働委員会における個別的労使紛争処理のフロンティア」『労働法理論変革への模索』（信山社，2015）807頁）．

　鳥取県では，中小企業労働相談所における労働相談を経て，あっせん申請が行われることが少なくないことから，労働相談に対応した相談員の助言を受けながら相談者があっせんの申請を申し出て，その場で「あっせん申請書」を書いたような場合には，迅速処理を可能とするために，労働相談員が，その旨を鳥取県労働委員会の担当者に電話連絡した上で，当該「あっせん申請書」を，労働委員会にFAXで送る扱いをしている．申請書の原本は，申請者に対する事情調査の時に，労働委員会の担当者が直接受領するものとされている（拙稿「鳥取県労働委員会における個別的労使紛争処理——労働委員会の活性化モデル——」松山大学総合研究所所報83号（2015）24頁）．

　鳥取県中小企業労働相談所は，その主たる事業である労働相談のほか，

内職の紹介，労働セミナーの開催，高等学校等に労働相談員が伺う出前セミナー，労務管理アドバイザー（社会保険労務士）の事業所への派遣，働きやすい職場環境作りのための事業所や労働組合への研修講師派遣（社会保険労務士やテーマに沿った専門講師）など，多様な事業を活発に行っているが，東西に長い鳥取県の地域性を考慮して，東部の鳥取市（「みなくる鳥取」），中部の倉吉市（「みなくる倉吉」），西部の米子市（「みなくる米子」）の3カ所に設置されている．平日（9：00〜17：30）のほか，毎月第1土曜日は，鳥取市（奇数月）ないしは米子市（偶数月）の相談所が対応するようになっている．電話や面談による相談のほか，相談者の利便性を図るために，メールにも対応している．鳥取県内のどこからでもつながるフリーダイヤル（0120-451-783）が設置され，最寄りの相談所につながるようになっており，電話料金の負担もなく，じっくり相談を受けることができるようになっている（拙稿「鳥取県労働委員会における個別的労使紛争処理——労働委員会の活性化モデル——」23頁）．

2）　特殊な連携のパターン

　神奈川県と大阪府においては，個別的労使紛争に関しては，労政主管事務所に加えて，労働委員会においてもあっせん制度があるが，それぞれ「あっせん指導前置主義」や「労働相談前置主義」を採っており，かながわ労働センターによるあっせん指導や，労働相談センターによる労働相談や「調整」の後など一定の要件を満たしたときに，労働委員会によるあっせんが行われるという形で，特殊な連携が図られている（独立行政法人労働政策研究・研修機構「企業外における個別労働紛争の予防・解決システムの運用の実態と特徴」（2008）19頁）．

　また，福岡県においては，個別的労使紛争に関しては，労働委員会にあっせん制度はないが，専門的知見に基づく判断を要する事案や，当事者が労働委員会委員によるあっせんを希望し，労働委員会委員によるあっせんにより迅速かつ的確な解決が見込まれる事案などに該当する場合には，労働

者支援事務所が, 福岡県労働委員会の公労使各1名合計3名を活用する形で三者構成によるあっせんを行うという特殊な連携が図られている.

第2節　都道府県労働委員会における個別的労使紛争処理

1　都道府県労働委員会における労働相談の現状

1）　都道府県労働委員会における労働相談の体制

　個別的労使紛争に関しての都道府県労働委員会の体制は, 当初は, 独自に労働相談に対応することが困難であることから, 労政主管事務所が担当する労働相談と連携して, 労働委員会は個別的労使紛争のあっせんだけを行うというところがほとんどであった. その後, あっせんの処理実績向上を狙いとする制度の活性化を図る意図で, 制度の周知効果を期待して, 自ら労働相談を行う労働委員会が増加し, とくに2013（平成25）年度からは, その前年度から倍増し, 現在では, 31府県の労働委員会が, 個別的労使紛争のあっせんに加えて, 自ら労働相談を行う体制となっている（都道府県労働委員会の個別的労使紛争に関する処理実績の取りまとめをしている中央労働委員会においては, 労働相談を「相談・助言」と表現しているが, 本書では「労働相談」と述べる）. 都道府県労働委員会における個別的労使紛争処理の概要は, 次頁の図3-1に示している.

　都道府県労働委員会が独自に行う労働相談は, 労働委員会により多様なものとなっており, 事務局職員が通常の勤務時間中において日々行うものと, 委員が日時を決めて, 定期的に, ないしはイベント的に行うものに, 大きく分けることができる.

　委員による労働相談は, 委員が非常勤であることから, 労働委員会に参集する総会や公益委員会議の日時に合わせて労働相談日が設定されることや, 事前予約により行われることが多く, 相談者のニーズ（思い立ったらすぐにでも相談したい心情）に必ずしも応えていない状況になっており, そういったこと等が労働相談件数の伸び悩みをもたらすとともに, 委員が労使

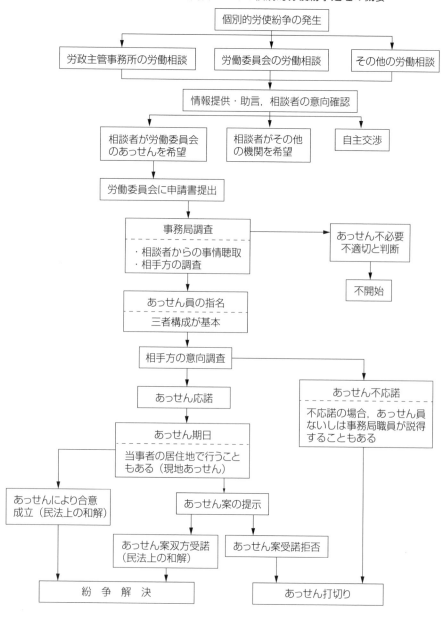

図 3-1　都道府県労働委員会における個別的労使紛争処理の概要

表3-1　都道府県労働委員会の最近10年の労働相談とあっせんの件数

	2011	2012	2013	2014	2015	2016	2017	2018	2019	2020
労働相談	2287	2183	3242	3461	3626	3953	4145	5681	5717	5894
あっせん	393	338	376	319	343	290	288	320	310	269

紛争の現場感覚を磨く貴重な機会を逃す結果ともなっている.

2）　個別的労使紛争に関する労働相談の処理実績

　事務局職員と委員が対応した労働相談の件数（内訳不明）は，2007（平成19）年度の1165件（実施労委13県）から，2012（平成24）年度には2183件（同14県）に増加し，さらに実施労委の増加に伴い，2013（平成25）年度は3242件（同28県）に急増し，労働委員会による労働相談の一般への周知が徐々に進んだ結果，2018（平成30）年度は5681件（同28県）となり，新たに秋田県及び栃木県，京都府労働委員会が加わり31府県の体制となった2019（令和元）年度には5717件，2020（令和2）年度には5894件（労働者からが5549件（94.1%），使用者からが345件（5.9%））となっている.

　独自の労働相談をする労働委員会が倍増した2013（平成25）年度には，相談件数が増加するとともに，あっせんの新規受付件数も，2012（平成24）年度の338件から2013年度の376件に伸びており，活性化の努力が多少は実った形となっていた．しかし，2014（平成26）年度においては，319件と大きく減少し，この数年，300件前後で推移し，2020（令和2）年度も269件となっており，労働相談件数の増加があっせん事件の増加に結び付かない結果となっている（中央労働委員会「個別労働紛争に関する相談・助言，あっせん件数令和2年度」）.

2　都道府県労働委員会におけるあっせんの現状

1）　個別的労使紛争のあっせん手続

労働委員会における個別的労使紛争のあっせん手続は，都道府県により

多少の違いはみられる．基本的には，従来からノウハウを蓄積している集団的労使紛争の斡旋と同様の手続で行うところが多く，他の制度によるあっせんと大きな違いはないが，紛争調整委員会のあっせんと異なる点としては，紛争当事者からすると，労働基準法違反等が絡んだ紛争でも民事紛争処理の一貫として一括処理ができるというメリットが認められる．

　あっせん申請書が提出されると，あっせん開始の適否の判断と，あっせん実施の準備のために，申請人や被申請人に対して，事務局職員による訪問や電話による丁寧な調査が行われる．被申請人であることの多い使用者が手続に応じることに消極的なときには，事務局職員のみならず，使用者委員が，労働委員会のあっせんによる解決のメリットを丁寧に説明して，応じるように説得することもある．

　あっせん期日には，まず，大きな会議室（労働委員会室）にあっせん委員と両当事者が集まり，あっせんの開始が宣言された後，各当事者は専用の控え室に移動する．当事者の求めがあれば，対面する場面を一切設けない形で手続を進めるよう配慮する労働委員会が一般的となっている．あっせん委員は，別の会議室（調整室）に移動し，そこに順番に当事者を呼んで，交互面接方式であっせん作業を行う．記録や当事者の誘導等のため，あっせん作業には事務局職員も立ち会う．

　都道府県労働委員会における個別的労使紛争のあっせんの一番の特徴は，公労使の三者構成の委員会で行うことである．労使の委員が，それぞれ労働者側や会社側の控え室に入って本音を聞いたり，説得したり，といった懇切丁寧な調整を行うこともあり，それにより解決に至ることも多いという点に，三者構成のメリットを見出すことができる．

　任意の和解を促す部分においては，労働審判制度と同等以上の紛争調整機能があると考えられ，社会保険労務士や弁護士，労働法を専門とする大学教員などの労働関係法規に詳しい専門性の高い公益委員が確保されると，三者構成は，その本領を遺憾なく発揮することになる（拙稿「労働委員会による個別的労使紛争処理」『法と政治の現代的諸相　松山大学法学部開設二十周年

記念論文集』404頁）．その結果，事件処理に当たり外れも少なく，労働関係法規の実効性の確保の視点からも，また，労使紛争当事者双方の納得性の面からしても，望ましい解決が期待できるはずのものとなっている．

　三者構成に関しては，あっせん期日調整に要する機動力の面と，委員への謝金というコスト面において，単独の委員によるものに比べて劣ることは否定できない．また，労働委員会や紛争調整委員会における委員経験の豊かな野田進九州大学名誉教授が，「個別紛争の解決では，公労使にかかわらず力量のある委員が1人で担当するというシステムのほうが，本当はいいのではないか」と述べるように（野田進「熱血！個別紛争解決レポート」労働判例693号（2005）2頁），単独の委員によるほうが適した事案もあることは否定できない．

　あっせんにより，双方の意見が一致したときには，あっせん委員の立ち会いの上で，当事者間で合意の文書を作成して和解を成立させることになり，事件は解決により終了する．合意文書は3通作成され，関与した3名のあっせん委員も記名，押印することが通常である．あっせんが不調のときは，打切りで終了する．打切りのときは，あっせん委員や事務局職員が，申請人に対しては，その意向等を踏まえて必要に応じて，さらに利用可能な労使紛争処理機関について教示することが通常となる．

　労働委員会では，労働組合法に基づく不当労働行為の審査や労働関係調整法に基づく斡旋や調停なども行われることから施設面では非常に充実しており，あっせんのための部屋と，労使それぞれの控室など，使用できる専用の部屋が常に必要以上に確保されている．当事者の緊張感を和らげるために，北海道労働委員会のように，労働審判や民事調停等と同様に，「ラウンドテーブル」であっせんを行うという工夫をしているところもある（佐藤公一「個別労使紛争解決制度の効果的周知及び早期解決に向けた取組について」月刊労委労協2003年12月号42頁）．

2）　個別的労使紛争のあっせんの申請受理件数と紛争内容

（1）　個別的労使紛争のあっせんの申請受理件数

　都道府県労働委員会における個別的労使紛争のあっせんは，行政型ADRとして，日本の近年における個別的労使紛争処理制度の展開において，いち早くスタートしたにもかかわらず，その処理実績は非常に伸び悩んでいる．

　全国における申請受理件数は，2009（平成21）年度には503件となり，年間500件を超えるところとなったが，その後は低迷し，2020（令和2）年度においても269件となり，この数年においては300件前後で推移している〈「都道府県労働委員会で行う個別労働関係紛争のあっせん件数について〈令和2年度〉」中央労働時報1278号（2021）45頁）．処理実績の向上を目指し，労働委員会自体も活性化の努力を続けている割には，処理実績の増加に結びついておらず，同じ行政型ADRである都道府県労働局の紛争調整委員会のあっせんの10分の1にも満たない状況になっている．

　処理実績が少ないことにより，委員として労使紛争処理のための専門性やあっせん手続運営の感覚を維持，向上させるための実践の場を年間一度も経験できない委員が存在する労働委員会がかなりの割合を占めるという望ましくない状況があるということを確認することができる．例えば公労使委員が各5人ずつの労働委員会において，委員が年間最低1件の事件を担当するとした場合には，少なくとも年間5件の申請受理件数が必要となるが，最近の5年間の平均で，それに満たないところは，44の労働委員会のうちの23と，その52.3％にもなっている．申請を受理しても被申請人が手続に応じないことにより終結する事件も少なくないことを考慮すると，その実際の割合はより大きなものとなる．

　都道府県労働委員会における個別的労使紛争のあっせんの処理実績が伸び悩んでいるのは，都道府県労働委員会にあっせん申請をもたらす主要なルートとなる労働委員会自体や労政主管事務所の労働相談窓口へのアクセスが悪く，また，都道府県労働委員会自体や労政主管事務所の労働相談窓

口の存在の周知も進んでいないことが，その要因になっていると解される．同じ行政型ADRであり，個別的労使紛争処理制度として最多数の新規受理件数を誇る都道府県労働局の紛争調整委員会によるあっせんと対比すると，明確となる．

　積極的に労働相談事業に取り組んでいる長野県を具体例としてみるならば，2020（令和2）年度において，長野県では，労政主管事務所である4つの労政事務所（長野市・松本市・上田市・伊那市）において2151件（前年度比7.4％増）の労働相談を受け，また，長野県労働委員会（長野市）においても47件の労働相談を受けているが（長野県（産業労働部）2021年8月11日プレスリリース「令和2年度の労働相談の状況についてお知らせします」），長野県労働委員会におけるあっせんの新規受理件数は3件となっている（中央労働委員会「個別労働紛争に関する相談・助言，あっせん件数令和2年度」）．

　これに対し，長野労働局においては，雇用環境・均等室（長野市）と9つの労働基準監督署（長野市・松本市・岡谷市・上田市・飯田市・中野市・小諸市・伊那市・大町市）に設置の10の総合労働相談コーナーにおいて，2万890件の労働相談を受け，紛争調整委員会におけるあっせんの新規受理件数は84件となっている（長野労働局2021年7月12日発表「令和2年度個別労働紛争解決制度の施行状況」長野労働局HP）．労働委員会へのアクセスポイントが少ない上に，都道府県労働局は，労使双方にとって比較的よく知られた存在となっている労働基準監督署に加えて，ハローワーク（公共職業安定所）という強力なネットワークをも配下に有し，とくに労働者が労働問題を抱えたときに，まず想起し，相談に行こうという存在になっているということができる．

　中央労働委員会と都道府県労働委員会は，連携して処理実績の向上を目指して，活性化を図る多大な努力を続けてきており，毎年10月を「個別労働紛争処理制度」周知月間として，集中的な周知・広報を実施している．実施内容は労働委員会により異なるが，中央労働委員会は，「労使関係セミナーの開催」，「SNS（Twitter）による情報発信」，「商業施設におけるポ

スター掲示等による制度周知」，都道府県労働委員会は，「労働相談会の開
催」，「街頭宣伝活動の実施」，「出前講座，セミナーなどのイベント」，「車
内広告の掲載，地元メディアへの出演」等を行っている（中央労働委員会事務
局個別労働関係紛争業務支援室2020年 9 月29日プレスリリース「10月は『個別労働紛
争処理制度』周知月間です」）が，上記の要因は構造的なものであり，容易に
克服できるものと解することはできない．

　また，労働委員会の個別的労使紛争への対応は，色濃く地方自治をベー
スに行われている制度であり，全国で足並みが揃わず，東京都や福岡県，
兵庫県を除く，44の道府県労働委員会の制度となっており，また，神奈川
県や大阪府の制度も，知事部局所管の労政主管事務所のあっせんを前置す
る形で運用している．結局のところ，多くの事件を見込むことのできる労
働委員会が制度的に対応していないか，あるいは運用の実態として本格稼
働していない状況にある．加えて，処理実績の向上に向けての意欲の面で
も，労働委員会により温度差があり，近年，労政主管事務所による労働相
談に加えて労働委員会が独自に労働相談を始めるところも増えてきている
ものの，31府県の労働委員会に止まっており，労政主管事務所による労働
相談がほとんど労働相談窓口の紹介など，情報提供機能しか果たしていな
いところでは，労働委員会における労働相談窓口が唯一のものとなって
いる．

　厚生労働省も，2015（平成27）年度に，中央労働委員会事務局に「個別
労働関係紛争業務支援室」を設置し，個別労働関係紛争業務に関する情報
の収集・分析・提供等，中央労働委員会から，都道府県労働委員会に対す
る支援を充実させ始めているが，個別労働関係紛争業務の運営主体は各都
道府県であり，処理実績の早期の飛躍的向上は期待できない状況となって
いる．

（ 2 ）　個別的労使紛争のあっせんの紛争内容

　紛争内容は，1 つの申請で複数の事項にわたるものがあるため，2020（令
和 2 ）年度の合計で430件となった中では，職場の人間関係（セクハラ，パワ

ハラ・嫌がらせ）が76件，賃金等が96件，解雇が91件，退職が35件等となっている（「都道府県労働委員会で行う個別労働関係紛争のあっせん件数について〈令和２年度〉」47頁）．

3）　個別的労使紛争の解決率と処理期間

　取下げ及び不開始を除く終結件数に対する解決件数の比率でみる解決率は，長期的に低下傾向にあり，2015（平成28）年度以降2019（令和元）年度までは50％に満たないものとなっていたが，2020（令和２）年度はやや向上し，51.9％となっている（「都道府県労働委員会で行う個別労働関係紛争のあっせん件数について〈令和２年度〉」45頁）．

　単独の委員で１回に限って行われる労働局の紛争調整委員会によるあっせんにおいても，あっせんが開催された件数中の和解率は，60％台を維持している．都道府県労働委員会における個別的労使紛争のあっせんについて，労働委員会自体が，他の制度と比べての特色として述べる４点の中に，① 公労使三者構成の委員によるきめ細かな調整が行われる，② １回のあっせんで不調であっても，２回目，３回目の粘り強い調整があり得る，とあるが（「都道府県労働委員会で行う個別労働関係紛争のあっせん件数について〈令和２年度〉」45頁），これらが特色であるとするならば，同じように算出した紛争調整委員会によるあっせんの和解率を大きく下回っていることの理解は非常に困難なものである（拙稿「個別的労使紛争処理制度の新展開と都道府県労働員会の課題」中央労働時報1238号（2018）３頁）．

　「申請書受付日〜終結日」で計算される処理期間は，１カ月以内が32.0％（前年度28.0％），２カ月以内が72.2％（同73.0％），平均処理日数は解決事件で62.8日（同55.7日）となっており，やや長期化の兆しが見られるが，迅速な運用が行われている（「都道府県労働委員会で行う個別労働関係紛争のあっせん件数について〈令和２年度〉」45頁）．

4）　個別的労使紛争のあっせんにおける特定社会保険労務士の関与

特定社会保険労務士は，都道府県労働委員会における個別的労使紛争の
あっせんでは，紛争調整委員会によるあっせんや調停，社労士会労働紛争
解決センターにおける個別的労使紛争のあっせんと同様，紛争当事者の代
理行為や補佐行為をすることが認められている．

全国社会保険労務士会連合会が社会保険労務士の労使紛争処理制度への
関与の実態を確認するために，すべての社会保険労務士を対象に実施した
調査では，都道府県労働委員会における個別的労使紛争のあっせんへの関
与は，2007～2016年度の10年間で79件と多いものではないが（「『補佐人業務
及び紛争解決手続代理業務に関する実績調査』集計結果について」月刊社労士2018年
４月号９頁及び12頁），都道府県労働委員会における個別的労使紛争のあっ
せん手続においても，特定社会保険労務士が当事者の正当な権利や利益の
主張を支えるとともに，手続における労使紛争の迅速かつ適正な解決の促
進に貢献することができるようになっていることに留意する必要がある．

5）　都道府県労働委員会におけるあっせんにより解決した事例

［１］　「セクシュアルハラスメント」に係るあっせんの解決事例

[事案の概要]　申請人は事務職の正社員として勤務していたが，店長の言葉によ
るセクシュアルハラスメントが繰り返されたため，本社の担当者に対して対応を
求めて相談したが，事業主は店長に対して口頭の注意を行った程度であったこと
から，退職し，店長のセクシュアルハラスメント等を放置した事業主に対し，慰
謝料，経済的損失等の損害賠償を求めて，あっせんを申請したものである．

[あっせんの概要及び結果]　申請人は，店長の言葉によるセクシュアルハラスメ
ントが繰り返されたことにより，強い精神的苦痛を感じたと主張したが，事業主
は，調査をしたがセクシュアルハラスメントの事実の確認はできなかったと主張
した．事業主側の対応が不誠実であり，また，持ち帰らないと判断できない事項
が多かったため，あっせん員は，申請から解決まで32日の短期間において５回の

あっせん期日を行い，双方の主張を整理するとともに，解決金の額を調整した．その際，あっせん員は，民事訴訟に持ち込んで時間や費用を費やすより，このあっせんの場で早期に解決をするのが妥当ではないかと申請人を説得し，申請人の当初の要求額には満たないものであったが，事業主が解決金を支払うことで合意が成立し，解決するところとなった（岩本俊也〔青野覚監修〕『労働紛争あっせん実例集』（中央経済社，2013）134～135頁）．

［2］「辞職」に係るあっせんの解決事例

[事案の概要] 介護老人保健施設の理学療法士である申請人は，9月に起きた施設のトラブルが動機となり辞職を決意し，10月1日に事業主と面談して10月末日をもって辞職したい旨を告げたところ，就業規則において，理学療法士に係る辞職願は6カ月以上前に提出しなければならないと規定されていることから，認められないと断られた．そこで，辞職願と辞職の承認を求める書面を事業主宛に送ったが回答はなく，また，事業主との面談を再三求めたが応じてもらえなかったことから，10月20日に，あっせんを申請したものである．

[あっせんの概要及び結果] 事業主は，理学療法士がいないと職員配置基準の関係上，介護報酬の点で困ることになる．就業規則では理学療法士が辞職を申し出るのは6カ月前がルールとなっているので，6カ月後なら辞職を承認するつもりである，と主張した．そこで，あっせん員は，民法627条の規定や関連する判例（高野メリヤス事件・東京地判昭51・10・29労働判例264号35頁）などをもとに，事業主を説得したところ，10月31日をもって辞職することで合意が成立し，解決するところとなった（岩本俊也〔青野覚監修〕『労働紛争あっせん実例集』191～194頁）．

第3節　労政主管事務所における個別的労使紛争処理

1　労政主管事務所における労働相談

1）　労政主管事務所における労働相談の体制

　労政主管事務所における労働相談の体制は，都道府県により多様なものとなっているが，正規の公務員や再任用職員などが就く担当職員が，電話ないしは面談で対応するのが基本となっており，メールでも受けるところがある．相談者の利便性を考慮して，平日の開庁時間のみならず，土曜日や日曜，夜間に応じる窓口を設けているところもある．

　労政主管事務所や労働相談窓口の一般への周知効果をも狙って，特定の月などに，イベント的に，特定のテーマなどによる特別の相談会や，労政主管事務所の所在地以外に出向く出張労働相談などを行うこともあり，その際には，ハローワークなどの他の労働行政機関や，社会保険労務士会などと連携，協力して実施することもある．

　高度化，複雑化する労働相談に対応するための弁護士や社会保険労務士が対応する労働相談窓口や，外国人向けの労働相談窓口，職場における精神的な悩みに関する相談窓口を設けているところもある．

2）　労政主管事務所における労働相談への対応

　労働相談は，担当職員が相談者から丁寧に事情を聴くことから始まるが，労働法規に関する複雑でない疑問などは，簡単な説明や資料の提供で終わることもある．労働基準法違反が含まれているような事案では，労働基準監督署などのような強制権限を持った適切な機関を紹介することもある．

　具体的な紛争の事案では，相談者とともに問題点を整理し，その問題点に関して法的解説をしながら，相談者の意向を確認し，その意向を踏まえた上で，相談者にとって最もよい解決を考えて，相談者が自ら解決を導けるように助言をして，当事者間で自主的交渉を行うことを勧めることに

なる.

　自主的交渉が上手くいかなかった相談者については，相談の延長としてのあっせんに導くこともある．あっせんまで行なわないところでは，相談者の意向や事案内容に応じて，都道府県労働委員会や都道府県労働局のような他の行政機関を紹介したり，労働審判制度や民事調停，民事訴訟のような裁判所の制度について説明したりすることもある．

　相談者が労働者の場合には，団体交渉による解決の可能性などを説明して，労働組合を紹介することもある．そのときは，紹介が偏ることなく公正に行われるように，特定の組合を紹介するのではなく，労働組合のリストを示して選んでもらう形で行われる．

3）　労政主管事務所における労働相談の件数

　労政主管事務所における労働相談の件数は，1998（平成10）年度までは増加傾向にあり，以後，高い水準を維持していた．全国の件数は，1989（平成元）年度で7万5000件程度だったものが，1996（平成8）年度には10万件を超えた（労働省・労使関係法研究会「我が国における労使紛争の解決と労働委員会制度の在り方に関する報告」労働法律旬報1445号（1998）40頁．その後,2002（平成14）年度には約15万件，2003（平成14）年度には約13万件（「資料都道府県労働相談事業の現状」全日本自治団体労働組合『4回地方労働行政交流集会』（2005）71頁及び「資料1都道府県労働行政組織の現状」全日本自治団体労働組合『第2回地方労働行政交流集会』（2003）46頁）と，全体としては，多少減少ないし横ばい傾向にあった．

　現在，全国集計は行われていないが，労働相談件数の多いところの2020（令和2）年度の数字は，東京都が5万2318件（前年度5万2884件）（東京都産業労働局雇用就業部労働環境課2021年7月発行『労働相談及びあっせんの概要（令和2年度）』3頁），神奈川県が1万2480件（同1万2941件）（神奈川県かながわ労働センター2021年5月31日発表「令和2年度神奈川県労働相談の概況」神奈川県HP），大阪府が9275件（同1万121件）（大阪府商工労働部雇用推進室労働環境課相談グルー

プ2021年6月1日提供「令和2年度労働相談状況まとまる」大阪府HP），福岡県が9664件（同1万611件）（福岡県労働政策課労働福祉係2021年7月13日発表「令和2年度労働相談の状況について」福岡県HP）と，比較的高い水準を維持している．これらの地域では，労働相談の延長としてのあっせんも行われており，必要欠くべからざるものとして機能している．

2 労政主管事務所におけるあっせん
1）労政主管事務所におけるあっせんの意義と現状

労政主管事務所におけるあっせんは，労働相談の延長として当事者の求めに応じて行われるものである．最も多くの事件を扱っている東京都労働相談情報センターにおいては，「あっせん」とは，「労働問題をめぐる労使間のトラブルに係る労働相談を受ける中で，労使だけでは自主的な解決が難しい問題について，労使からの調整してほしいとの要請を東京都が受けた場合に，労働相談情報センターが第三者としての中立的立場で労使間の自主的な解決に向けて手助けを行うことをいう」と表現されている（東京都産業労働局雇用就業部労働環境課『労働相談及びあっせんの概要（令和2年度）』17頁）．

多くの都道府県で行われてきたが，都道府県労働委員会や都道府県労働局が個別的労使紛争のあっせんを開始した影響を受けて，2003（平成15）年度以降，埼玉県，東京都，神奈川県，大阪府，福岡県，大分県の6都府県に減少し（「資料都道府県労働相談事業の現状」全日本自治団体労働組合『第4回地方労働行政交流集会』（2005）34頁），2017（平成29）年度以降は，埼玉県を除く5都府県のみでおこなわれている（中央労働委員会「各機関における個別労働紛争処理制度の運用状況」中央労働委員会HP）．

2）労政主管事務所におけるあっせんの体制

手続は都府県により異なるが，基本的な姿は，紛争調整委員会や労働委員会，社労士会労働紛争解決センターで行われるあっせんと大きな違いは

ない．東京都の労働相談情報センターや神奈川県の労働センターでは，通常 1 名の相談員が担当する．大阪府の労働相談センターでは 2 名の相談員が担当する．福岡県の労働者支援事務所では，事案により，1 名ないし 2 名の相談員が担当するが，2013（平成25）年 4 月から，事案の内容により，労働委員会委員をあっせん員とする制度を運用し，2019（令和元）年度は 2 件の実施実績があったが，2020（令和 2）年度は 0 件であった（福岡県労働政策課労働福祉係2020年 7 月 6 日発表「令和元年度労働相談の状況」（福岡県HP）2 頁及び（「都道府県労働委員会で行う個別労働関係紛争のあっせん件数について〈令和 2 年度〉」46頁）.

　他の制度との最も顕著な違いは，労働相談からあっせんまで，原則として同じ相談員が担当し，フルタイム対応することが可能なので，事案に応じて，非常に迅速処理することも可能であり，また，じっくり丁寧に対応することもできる体制となっていることである（拙稿「労政主管事務所における労使紛争処理の現状」42頁）.

3）　労政主管事務所におけるあっせんの件数と処理状況

　あっせんの件数の全国集計は，埼玉県，東京都，神奈川県，大阪府，福岡県，大分県の 6 都府県の時点で1000件を大きく超えるものであったが，2010（平成22）年度に1000件を割り込み，2014（平成26）年度は845件，2016（平成28）年度は596件と減少し，5 都府県になってからは，2017（平成29）年度は516件，2018（平成30）年度は537件，2019（令和元）年度は494件，2020（令和 2）年度は363件となっている.

　労政主管事務所におけるあっせんの解決率は，取下げ及び不開始を除く終結件数に対する解決件数の比率であるにもかかわらず，例年，7 割前後と非常に高いものとなっており，2020（令和 2）年度の 5 都府県におけるあっせんにおいても，72.9％と非常に高い解決率となっている.

　その処理期間は，29日以内が53.6％と 5 割を超える数字となっており，また，29日超49日以内が17.2％，49日超が29.2％となっており，事案に応

じて，適切に，迅速処理と，丁寧処理が行われていることを推測すること
ができる（中央労働委員会「各機関における個別労働紛争処理制度の運用状況」）．

4）　労政主管事務所におけるあっせんにより解決した事例

［1］　「退職勧奨」に係るあっせんの解決事例

［事案の概要］ 相談者は，総務事務の経験者として採用された．直属の上司との
人間関係が悪化したため，社長に相談したところ，その事実が上司に伝わってし
まった．その後，上司から業務改善指導書にサインを求められ，それを拒否した
ところ退職勧奨されるところとなった．相談者は，業務改善指導書に記載されて
いる内容は事実無根であり納得がいかないが，小規模な会社であるため，現在の
ような状況では在職し続けることは困難であり，退職はやむなしと考えているも
のの，何らかの退職補償を要求したいとの意向で，相談窓口を訪れた．

［あっせんの概要及び結果］ 相談担当者が事業主から事情を聴いたところ，相談
者は，上長に対する態度が反抗的であり，納得のいかないところがあると社長に
直接意見を言い，職場の秩序を乱していた．それにより上長はストレスから体調
不良になる可能性があったため，業務改善指導書を提示した．現在の状況を改善
するには，総務以外の営業等の部門への配転を相談者に受け入れてもらうしかな
いが，即戦力の経験者採用であるため現実的ではなく，退職しか選択肢はないの
ではないか，との回答であった．相談担当者から，経験者採用とはいえ，業務限
定の採用ではない以上，配転による問題解決があり得ると考えられること，業務
上の問題を理由とする解雇には，それまでに十分な指導を行ったか否かなどにつ
き相当の具体的な事実の立証が必要となることを説明したところ，事業主は，退
職強要や解雇はしないが，退職条件は検討するとの姿勢に変化した．そこで，相
談担当者が労使の意向を踏まえて解決条件を調整したところ，解決金の支払い，
退職日までの出勤免除による求職活動の許可，勧奨による退職の確認等を内容と
する合意が成立し，解決するところとなった（東京都産業労働局雇用就業部労働
環境課『労働相談及びあっせんの概要（令和元年度）』24頁）．

［2］「退職代行を利用した退職」に係るあっせんの解決事例

[事案の概要] 相談者は，不動産会社の正社員で，退職を決意したが，社長に直接退職の意思を示すと，何を言われるか分からない不安から，インターネットで探した退職手続きを代行する会社に勤務先とのやり取りを依頼し，自身では一切の連絡をしないまま，勤務先を退職した．その後，退職関係書類が届かないことから，退職代行会社に解決を求めたものの，退職代行会社からは，非弁活動（弁護士資格を有しない者が報酬を得る目的で法律事件に関して代理等を行うことで，弁護士法72条違反の行為）に当たる恐れがあるため，交渉は一切行うことができないとの回答があったことから，相談窓口を訪れた．

[あっせんの概要及び結果] 相談担当者が事業主から事情を聴いたところ，退職代行会社からの連絡があっただけであるため，退職の意思が真実かどうか確認をしたいが，退職代行会社から本人に連絡するなとの指示があり困っていたところであるとの回答であった．そこで，相談担当者が，相談者の相談内容の概要を説明したところ，事業主は，中立的な行政機関からの連絡であれば納得することができるとの態度に変化した．その後，事業主から相談者に，源泉徴収票，雇用保険・社会保険関係書類が直接送付され，解決するところとなった（東京都産業労働局雇用就業部労働環境課『労働相談及びあっせんの概要（令和元年度）』21頁）.

3　労政主管事務所のあっせんにおける特定社会保険労務士の関与の必要性

　都道府県が労政主管事務所においてあっせんを行うことに関する法的根拠が曖昧であったこともあり，あっせんに関して社会保険労務士がいかなる関与ができるかについては法制度的には明らかではない.

　現状としては，社会保険労務士が，当事者に同行して補佐人として関与することに関して，労政主管事務所や労働相談員の側から，その法的根拠の説明を求められることはないようである．労政主管事務所や労働相談員としても，労使紛争解決の方向に役立つ人材については，神経質に対応す

ることはなく，有効に活用していると思われる（拙稿「日本における労使紛争処理の実態」松山大学総合研究所所報102号（2019）51頁）．

　労使紛争処理制度における特定社会保険労務士の専門的知見の有用性は言うまでもないところであり，また，5つの都府県のみにおけるものではあるが全国44の道府県労働委員会による処理件数を大きく上回る制度であることからしても，労政主管事務所のあっせんにおいても，特定社会保険労務士が代理行為や補佐行為ができるということを，早期に，法律で明確にする必要がある（拙稿「日本の労使紛争処理制度における社会保険労務士の存在意義」松山大学総合研究所所報106号（2019）63頁）．

第4章　民間組織による個別的労使紛争処理

第1節　民間組織による労使紛争処理

1　民間組織による労働相談
1）　民間組織による労働相談の概要

　民間組織による労働相談については，その過去においても，現状においても，その全容を正確に把握することは容易なことではなく（拙著『入門個別的労使紛争処理制度——社労士法第8次改正を踏まえて——』（晃洋書房，2017）172頁），第2節以下で述べるあっせん以上の労使紛争解決サービスを提供する社会保険労務士会の総合労働相談所等による労働相談の他，非常に多様な組織により行われているが，とくに弁護士団体や弁護士会，労働組合による労働相談は，非常に活発なものとなっている．

2）　弁護士団体や弁護士会が行う労働相談

　弁護士の団体である「日本労働弁護団」や「過労死弁護団」，「働く障がい者の弁護団」等の弁護士の団体が，常設ないしは特設で，無料の労働相談を行っている．

　労働者及び労働組合の権利擁護活動を行う弁護士の全国組織である日本労働弁護団は，約1700名の会員を擁し，東京に本部，各地に地方組織を有している．全国各地に労働相談のホットラインを開設し，月・火・木曜日は15〜17時，土曜日は13〜15時，電話による相談活動を行っている．また，東京都千代田区にある本部では，毎月第2・4水曜日15〜17時，「女性弁

護士による働く女性のためのホットライン」と題して，労働・セクハラに
関する女性専用の無料電話相談も行っている．

　日本労働弁護団は，2020（令和2）年4月には，33都道府県において，「新
型コロナウイルス感染症に関する労働問題全国一斉ホットライン」を実施
して，417件の労働相談に対応している．

　また，日本弁護士連合会や各弁護士会の主催により，全国的な労働相談
が実施されることもある．2019（令和元）年度は，「全国一斉労働相談ホッ
トライン」と題して，6月に，全国の弁護士会が参加して，統一ナビダイ
ヤル（0570-036-610）ないし独自の電話番号により，弁護士による無料相談
を展開している．2020（令和2）年度は，「全国一斉解雇・失業・生活相談ホッ
トライン」と題して，11月に，4つの弁護士会を除く全国の弁護士会が参
加して，統一フリーダイヤル（0120-610-225）ないし独自の電話番号により，
弁護士による無料相談を展開している．

3）　労働組合が行う労働相談

　ナショナルセンターである連合（日本労働組合総連合会）や全労連（全国労
働組合総連合）等は，全国規模で，無料の労働相談を実施している．全国組
織に加盟していない労働組合においても，様々な労働相談活動を実施して
いる例が多くみられる．

　連合は，かけた地域の「連合」につながる「なんでも労働相談ダイヤル」
（フリーダイヤル0120-154-052）を開設し，47の地方連合会と連合本部において，
2020（令和2）年には，電話によるものが18455件，メールによるものが
1615件，LINEによるものが758件で，合計20828件もの労働相談を受けて
いる．

　連合の構成組織であるUAゼンセンのように，全国に支部を置き，電話
やメールによる無料の労働相談の独自の全国ネットワークを有していると
ころもある．

　全労連は，全国に労働相談センターを設置し，専従体制で無料の労働相

談を行っており，2021（令和3）年3月には，「労働相談ホットライン」（フリーダイヤル0120-378-060）を開設した．

2　民間組織による労使紛争解決サービスの概要

1）　裁判外紛争解決促進法（通称ADR法）の施行以前の状況

　労働相談のみならず，あっせん以上の労使紛争解決サービスを提供するものとしては，裁判外紛争解決促進法（通称ADR法）の施行を遠く遡る1990（平成2）年3月に第二東京弁護士会が開設した仲裁センターを先駆として，1990年代初頭から一部の弁護士会が運営する紛争解決センター等が，民事紛争の和解仲介サービスの一環として個別的労使紛争にも対応してきている（労働審判制度が運用を開始する直前の時点での弁護士会の紛争解決センターについて検討したものとして，拙稿「弁護士会の紛争解決センターにおける労使紛争処理」松山大学論集17巻6号（2006）275～297頁がある）．

　また，兵庫県における固有のものであるが，阪神・淡路大震災を契機として，1996（平成8）年9月から，連合兵庫と兵庫県経営者協会が共同で運営している「兵庫労使相談センター」が，無料の労働相談や紛争解決サービスを提供してきている（拙著『入門個別的労使紛争処理制度——社労士法第8次改正を踏まえて——』182～185頁）．

2）　裁判外紛争解決促進法（通称ADR法）の施行後の展開

　裁判外紛争解決促進法（通称ADR法）が2007（平成19）年4月に施行されてからは，ADR法に基づく民間認証ADR機関として，まずは，社会保険労務士会が運営する民間型ADRである社労士会労働紛争解決センターが，2008（平成20）年6月にスタートした京都府社会保険労務士会設置の社労士会労働紛争解決センター京都を先駆として，個別的労使紛争のあっせんによる解決サービスを開始し，現在，全国社会保険労務士会連合会と，栃木県及び大分県を除く45の都道府県社会保険労務士会により，全国で46の社労士会労働紛争解決センターが運営されており，個別的労使紛争処理に

特化した全国レベルの唯一の民間型ADRとして，日本の労使紛争処理制度において，その存在感を増してきている（拙稿「社労士会労働紛争解決センターにおける個別的労使紛争処理——民間型労働関係ADRの成功例——」松山大学論集31巻７号（2020）120〜122頁）.

　また，2008（平成20）年９月からは，一般社団法人日本産業カウンセラー協会が設置する全国４つの「ADRセンター」が，男女間の関係の維持に関する紛争に加えて，個別労働関係紛争の和解のための有料の調停サービスを（拙著『入門個別的労使紛争処理制度——社労士法第８次改正を踏まえて——』192〜193頁），2009（平成21）年６月からは，NPO法人個別労使紛争処理センターが運営する「労使紛争解決サポート首都圏」が，個別的労使紛争の解決のサポートための有料の調整サービスを行っている.

　そして，司法書士会においては，2008（平成20）年６月に神奈川県司法書士会が運用を開始した神奈川県司法書士会調停センターを先駆として，全国で31の司法書士会調停センター（そのうち，札幌司法書士会と福岡県司法書士会のセンターは，「司法書士会ADRセンター」と称する）が，民間認証ADR機関として運営され，東京，福岡県及び大分県の司法書士会のセンターが「民事に関する紛争」，その他の27の司法書士会のセンターが「紛争の目的の価額が140万円を超えない民事に関する紛争（司法書士法第３条第１項第７号に規定する紛争）」を対象として，紛争当事者を調停により和解に導くサービスを有料で提供している. なお，京都司法書士会は，2013（平成25）年10月から，予約に基づいて平日のみならず夜間や休日においても個別労働紛争の相談に無料で対応する「労働トラブル無料法律相談」をスタートさせている（井木大一郎「労働トラブルに対する取り組みについて」京都司法書士会会報92巻（2014）25〜26頁）.

　さらには，行政書士会においても，2009（平成21）年５月に東京都行政書士会が運用を開始した行政書士ADRセンター東京を先駆として，全国で18の行政書士ADRセンターが，ADR法に基づく民間認証ADR機関として運営されており，そのうち13の行政書士会のセンターが「外国人の職場

（労働）環境等に関する紛争」をもその取扱分野として，紛争当事者を調停により解決に導くサービスを有料で提供している（「ADR機関」日本行政書士会連合会HP）．なお，その名称は，14の都道府県会は，「行政書士ADRセンター○○」，たとえば，宮城県行政書士会が運営するのは「行政書士ADRセンター宮城」という名称となっているが，北海道会は「行政書士会北海道ADRセンター」，長野県会は「長野県行政書士紛争解決センター」，京都府会は「京都外国人の夫婦と親子に関する紛争解決センター」，山口県会は「行政書士ADRセンターやまぐち」と称しており，非常に多様なものとなっている．

3　労使紛争処理を行う民間組織の存在意義と特性
1）　労使紛争処理を行う民間組織の存在意義

　労使紛争処理を行う民間組織の存在は，裁判所の手続や，労働局等の公的ADRで処理する事件を分担，軽減して，公的制度の維持に要する社会的費用や，あっせん委員などの人的負担の軽減に役立ち，さらには，紛争当事者による紛争解決機関の選択肢を増やす存在にもなっている（拙著『入門個別的労使紛争処理制度――社労士法第8次改正を踏まえて――』172頁）．

2）　労使紛争処理を行う民間組織の特性

　民間組織には，裁判所や行政機関のように権威や法令等の根拠，財政的支えがないことから，有効に機能しないと利用されない運命にあり，それが早期の組織改革を可能とし，労使紛争処理ニーズの変化に，柔軟かつ迅速に対応することができるという特性も認められる（拙稿「日本型労働仲裁制度試論」法学新報101巻9・10号（1995）529頁）．

第2節　社会保険労務士会による個別的労使紛争処理

1　社会保険労務士

1）　社会保険労務士

　社会保険労務士は，社会保険労務士試験に合格し，都道府県社会保険労務士会の連合組織である全国社会保険労務士会連合会に登録することで，社会保険労務士として業務を行うことができる，社会保険労務士法に基づく国家資格者である（社労法14条の2．社会保険労務士制度の歴史や社会保険労務士業務の展開について理解するための最適の書として，「ミスター社労士」という存在の大槻哲也全国社会保険労務士会連合会名誉会長著『世界に冠たる士業「社会保険労務士」のすべて　源流から大河へ，そして大洋へ』（中央経済社，2021）がある．また，社会保険労務士の最新の姿を確認できるものとして，全国社会保険労務士会連合会『社会保険労務士白書～新しい時代に求められる社労士の役割～』（2021）が刊行されている）．2021年5月末日現在の個人会員数は，4万3649人である（月刊社労士2021年7月号66頁）．

2）　社会保険労務士の業務

　社会保険労務士の業務は，社会保険労務士法2条に定めがあり，①書類等の作成の事務，②提出代行事務，③事務代理，④裁判所における補佐人業務，⑤労務管理その他の労働及び社会保険に関する事項の指導，相談の業務，そして，⑥紛争解決手続代理業務，の6つに大別することができる．

　①～⑤はすべての社会保険労務士が従事できるが，⑥については，紛争解決手続代理業務に係る研修を受け試験に合格して，その旨の付記を受けた「特定社会保険労務士」以外は，業として行うことはできない（社会保険労務士の労使紛争処理関連業務に関する社会保険労務士法改正については，拙稿「日本における労使紛争処理制度の展開と社会保険労務士法の改正」松山大学論集30巻

5－1号（2018）392〜399頁参照）.

3）　特定社会保険労務士の紛争解決手続代理業務

　特定社会保険労務士が，業として行うことのできる紛争解決手続代理業務の対象となるのは，次の①〜⑨である（社会保険労務士の業務に関して詳しくは，全国社会保険労務士会連合会編『社会保険労務士法詳解』（全国社会保険労務士会連合会，2008）138頁）.

① 　個別労働紛争解決促進法に基づく紛争調整委員会における個別労働関係紛争のあっせん手続の代理

② 　雇用機会均等法に基づく機会均等調停会議における個別労働関係紛争の調停手続の代理

③ 　パートタイム・有期雇用労働法に基づく均衡待遇調停会議における個別労働関係紛争の調停手続の代理

④ 　育児介護休業法に基づく両立支援調停会議における個別労働関係紛争の調停手続の代理

⑤ 　労働施策総合推進法に基づく優越的言動問題調停会議における個別労働関係紛争の調停手続の代理

⑥ 　障害者雇用促進法に基づく障害者雇用調停会議における個別労働関係紛争の調停手続の代理

⑦ 　労働者派遣法に基づく派遣労働者待遇調停会議における個別労働関係紛争の調停手続の代理

⑧ 　都道府県労働委員会における個別労働関係紛争のあっせん手続の代理

⑨ 　裁判外紛争解決促進法（平成16年法律第151号．通称「ADR法」）による法務大臣の認証に基づいて厚生労働大臣が指定する団体が個別労働関係紛争について行う紛争解決手続の代理（紛争価額が120万円までは単独で，120万円を超える事件は弁護士との共同受任）

2　総合労働相談所における無料労働相談

1）　総合労働相談所の労働相談

都道府県の社会保険労務士会は，総合労働相談所等の名称（「総合労働相談室」等と称するところもある）で，面談により行うことを基本とする無料の労働相談を行っている．

その当初の目的は，ADR法の施行等に合わせて，独自の民間型ADRである社労士会労働紛争解決センターを設置するための基礎固めと実績作りの場とすることを意図したものであったが（栄治男「民間型ADR機関の認証をめざして」月刊社会保険労務士2005年7月号58頁），現在においては，社労士会労働紛争解決センターの窓口の意味合いをも持たせており（拙著『入門個別的労使紛争処理制度──社労士法第8次改正を踏まえて──』177頁），実際のところ，社労士会労働紛争解決センターに申立てられるあっせん事件の半数近くは，総合労働相談所等を経由したものとなっている（拙稿「日本の労使紛争処理制度における社会保険労務士の存在意義」松山大学総合研究所所報106号（2019）49頁）．

2）　総合労働相談所の労働相談の体制

総合労働相談所の労働相談の体制は，会により多様であるが，たとえば，愛媛県社会保険労務士会が開設する総合労働相談所においては，悩みを抱えた相談者の便宜に資するために，平日は月曜日から金曜日まで毎日開かれており，面談と電話による労働相談を11時から14時まで受けている．

総合労働相談所と社労士会労働紛争解決センターの周知を図り，また，労使紛争を抱える当事者の利便性を高めるために，全国統一の「総合労働相談所・社労士会労働紛争解決センター共通ダイヤル（0570-064-794）」が設置されており，架電すると，最寄りの社会保険労務士会の総合労働相談所に繋がり，社労士会労働紛争解決センターに導かれるようになっている．

全国の都道府県の社会保険労務士会の総合労働相談所では，2020（令和2）年度において，6817件の労働相談に対応している．

　全国社会保険労務士会連合会（東京都中央区）も，電話相談専門の無料の「職場のトラブル相談ダイヤル」（0570-07-4864）を平日の11時から14時まで開設しており，2020（令和2）年度には，1840件の労働相談に対応している（全国社会保険労務士会連合会『令和3年度通常総会議案書』（2021年6月30日）22頁）．

3　社労士会労働紛争解決センターにおける個別的労使紛争のあっせん

1）　社労士会労働紛争解決センターの意義

　社労士会労働紛争解決センターは，社会保険労務士の連合会と都道府県会が運営する民間認証ADR機関であり，個別的労使紛争をあっせんによって，簡易，迅速，低廉に，解決に導いている（拙稿「社労士会労働紛争解決センターの現状と課題」月刊社労士2011年8月号58〜59頁）．

2）　社労士会労働紛争解決センターの全国展開

　京都府社会保険労務士会が2008（平成20）年6月9日にADR法に基づく法務大臣の認証を受け，同年6月13日に第1号で社会保険労務士法に基づく厚生労働大臣の指定を受けた社労士会労働紛争解決センター京都を先駆として，2021（令和3）年6月1日現在，栃木，大分を除く，45の都道府県会と連合会により，全国で46の社労士会労働紛争解決センターが運営され，まもなくすべての都道府県会に設置される予定となっている．

　2021（令和3）年6月1日現在活動している全国の民間認証ADR機関は158となっており，日本における民間認証ADR機関の29.1％を社労士会労働紛争解決センターが占めている．

　民間が設置するADRも，「認証紛争解決事業者」としてADR法に基づく法務大臣の認証を受けることにより，その手続を実施することにより報酬を受領することが認められ，また，時効の完成猶予，訴訟手続の中止決定，調停の前置に関する特則などの法的効果が認められる（ADR法25〜27条）．また，社会保険労務士法に基づいて，「個別労働関係紛争の民間紛争解決

手続の業務を公正かつ的確に行うと認められる団体」として，厚生労働大臣の指定を受けることにより，その手続において，特定社会保険労務士が，紛争当事者を代理（紛争価額が120万円超のときは弁護士と共同受任）することが認められる（社労法2条1項1号の6）．

3）　社労士会労働紛争解決センターによるあっせん手続

　あっせん手続は共通するところがほとんどであるが，利用費用の有無・多寡，実際にあっせん作業を行う委員の体制等，センターにより多少の違いがある（社労士会労働紛争解決センターのあっせん手続について詳しくは，拙稿「社労士会労働紛争解決センターの個別的労使紛争に関するあっせんの実際」松山大学総合研究所所報71号（2012）参照）．46のセンターのうち32が利用費用を恒久的ないしは期間限定で無料として，有料のところも税込みで1100〜1万1000円と比較的低額となっている．

　個別的労使紛争を処理する他の機関との顕著な違いは，特定社会保険労務士2名，弁護士1名の3名の委員ないしは特定社会保険労務士2名の委員で担当するという点である．社労士会労働紛争解決センターのあっせん手続の流れについては，**図4-1**を参照のこと．

　先進的に取り組んでいる社労士会労働紛争解決センター東京は，利用費用を現在のところ減免措置により無料とし，申立てを受けてから1カ月以内に1回のあっせん期日で，2名のあっせん委員により，早期の和解成立を目指している．当事者の参加の便宜を考慮して，平日夜間や土曜日にあっせん期日を設定することもある（神村大輔「社労士会労働紛争解決センター東京におけるあっせん申立ての実際」社労士TOKYO2019年9月号10〜11頁）．

　また，社労士会労働紛争解決センター愛知は，愛知県社会保険労務士会所属の特定社会保険労務士が，「サポート社会保険労務士」として，無料で，紛争解決に関するアドバイスと申立書作成の手伝いをする「サポート社会保険労務士制度」を導入し，社労士会労働紛争解決センター愛知の活性化に努めている（社労士時習塾編『働き方改革を実現するための労務管理』（労働調査

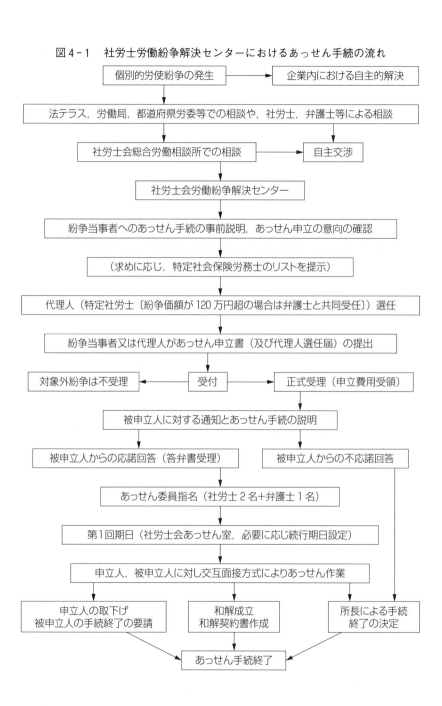

図 4-1　社労士労働紛争解決センターにおけるあっせん手続の流れ

個別的労使紛争の発生　→　企業内における自主的解決

法テラス，労働局，都道府県労委等での相談や，社労士，弁護士等による相談

社労士会総合労働相談所での相談　→　自主交渉

社労士会労働紛争解決センター

紛争当事者へのあっせん手続の事前説明，あっせん申立の意向の確認

（求めに応じ，特定社会保険労務士のリストを提示）

代理人（特定社労士〔紛争価額が 120 万円超の場合は弁護士と共同受任〕）選任

紛争当事者又は代理人があっせん申立書（及び代理人選任届）の提出

対象外紛争は不受理　←　受付　→　正式受理（申立費用受領）

被申立人に対する通知とあっせん手続の説明

被申立人からの応諾回答（答弁書受理）　　　　被申立人からの不応諾回答

あっせん委員指名（社労士 2 名+弁護士 1 名）

第 1 回期日（社労士会あっせん室，必要に応じ続行期日設定）

申立人，被申立人に対し交互面接方式によりあっせん作業

申立人の取下げ
被申立人の手続終了の要請　　　　和解成立
和解契約書作成　　　　所長による手続
終了の決定

あっせん手続終了

会, 2019) 185頁).

4)　社労士会労働紛争解決センターによるあっせんの処理状況

　全国のセンターへの申立件数は, 2011年度は48件, 2012年度は144件, 2013年度は168件, 2014年度は208件と着実に増加した後, 2015年度は149件, 2016年度は109件, 2017年度は99件, 2018年度は94件, 2019年度は71件, 2020年度は68件と, やや伸び悩みの状態にはあるが, 運用開始時からの全国総計ではすでに1000件を超え, 順調に推移してきており, 労働紛争解決のための民間認証ADR機関の顕著な成功例ということができる (木本陽子「個別労働紛争の解決手段」月刊労委労協2016年7月号26頁は「労働関係では……社労士会の労働紛争解決センターを除き, 民間のADRとしてはあまり発達していない」と述べる). 申立件数の伸び悩みの要因として, 人事労務関係の相談・経営コンサルティング業務の経験豊かな特定社会保険労務士により, 「ADRに関わる法趣旨の理解や周知が紛争当事者間 (特に企業) に徐々に進んで, 企業側にある意味の自浄作用 (トラブルに対して顧問やコンシェルジュ的な立場の人に事前にアドバイスを求める) のケースが増えてきている」こと, が指摘されている (窪田道夫「ADRあっせん業務と特定社会保険労務士の活動について思うこと」月刊社労士2016年9月号46頁).

　都道府県労働委員会における個別的労使紛争のあっせんの処理実績も年間300件前後に止まっていることや, 裁判所等の公的組織の権威を重視する国民性があると思われる日本において, 30年を超える歴史を有する民間型ADRの元祖ともいえる弁護士会紛争解決センターも, その処理実績が民事事件全体で年間千件程度, そのうち労働事件は50〜60件程度となっていることを想起するならば, 社労士会労働紛争解決センターの処理件数の推移は, 驚異的ともいうことができる.

　2020 (令和2) 年度に手続が終了した68件においては, 和解成立が23件 (33.8%), 被申立人の不応諾が28件 (41.2%), あっせん委員による打切りが12件 (17.6%), 申立人による取り下げが5件 (7.4%) となっている.

　あっせん事案の内容は，「解雇，退職，雇止め」が22件（32.3％），「賃金未払，サービス残業，退職金」が18件（26.5％），「パワハラ，セクハラ，いじめ」が16件（23.5％），労働条件が７件（10.3％），「その他」が５件（7.4％）となっている．都道府県労働局における紛争調整委員会のあっせんと比べると，解雇等の割合が高く，ハラスメントの割合が低くなっている（「令和２年度あっせん申立て事案の内容について」月刊社労士2021年９月号21〜22頁）．

　申立ての経緯は，社会保険労務士会総合労働相談所経由が26件（38.2％），社会保険労務士会会員の持込が14件（20.6％），都道府県労働局の紹介が３件（4.4％），当事者本人による直接持込が16件（23.5％），連合会相談ダイヤルが３件（4.4％），その他（労働委員会や都道府県の労働相談からの紹介等）が６件（8.9％）となっており，社会保険労務士会が設置している労働相談窓口や会員である社会保険労務士を通じての申立てが多くを占めている（「令和２年度あっせん申立て事案の内容について」20頁）．

　なお，全国社会保険労務士会連合会が社会保険労務士の労使紛争処理制度への関与の実態を確認するために，すべての社会保険労務士を対象に実施した調査では，社労士会労働紛争解決センターのあっせんへの関与は，2007〜2016年度の10年間で64件と多いものではないが（「『補佐人業務及び紛争解決手続代理業務に関する実績調査』集計結果について」月刊社労士2018年４月号９頁及び12頁），民間型ADRにおいても，特定社会保険労務士が当事者の正当な権利や利益の主張を支えるとともに，手続における労使紛争の迅速かつ適正な解決の促進に貢献することができるようになっていることに留意する必要がある．

5）　社労士会労働紛争解決センターの優位性

　社労士会労働紛争解決センターは，もともと労働関係法規に高い知見を有する専門家集団が運営する機関であり，すべての社会保険労務士が定期的に専門的研修を受けていることから，あっせん委員となる社会保険労務士に対する研修は，新たに選任された労働審判員やあっせん委員等に対す

る研修とは異なり，労働関係法規の基礎知識は必要ではなく，労使紛争処理に特化した研修にすることも可能であるなど，高度の専門性を保ちながら運営費用も低く抑えることができるというメリットがある．

　また，46のセンターのうち32が利用費用を恒久的ないしは期間限定で無料としており，有料のところも比較的低額となっており，資力の乏しい労使紛争当事者にとっても，利用しやすい制度となっている．

　さらには，民間組織特有の存在意義や特性を十分に備えている．裁判所の手続や労働局等の公的ADRで処理する事件を分担，軽減して，公的制度の維持に要する社会的費用やあっせん委員等の人的負担の軽減に役立つとともに，紛争当事者による紛争解決機関の選択肢を増やす存在になっている．裁判所や行政機関とは異なり権威や法令等の根拠，財政的支えを欠くことから，有効に機能しないと利用されない運命にあり，それが早期の組織改革を可能とし，労使紛争処理ニーズの変化に柔軟かつ迅速に対応できるという特性も認められる（拙稿「日本の労使紛争処理制度における社会保険労務士の存在意義」57〜58頁．なお，パートタイム・有期雇用労働法8条の「不合理な待遇の禁止」の実現における社労士会労働紛争解決センターの役割を検討した論稿として，宮田雅史「非正規労働者の処遇改善と社労士会ADRの役割」経営実務法研究22・23合併号（2021）133〜147頁がある）．

6）　社労士会労働紛争解決センターにおけるあっせんにより解決した事例
［1］　「未払い残業代」に係るあっせんの解決事例

　［事案の概要］申立人は，毎月60時間ほどの時間外労働を行っていた結果，体調を悪化させ退職するところとなった．申立人は，月20時間分の固定残業代のみの支払いしか受けていなかったことから，事業主に対して，保管する出勤データの開示と，自身で算出した未払い残業代について請求したが，事業主からは一切の回答がなかったことから，未払い残業代として金○○円の支払いを求めたいとして，あっせんを申請したものである．

[あっせんの概要及び結果]　申立人（労働者）は，1日1時間を超える時間外労働については事業主の許可申請をすることになっていたが，事業主（被申立人）はその許可申請を受理することがなかったことから，実質的にサービス残業となっていた．事業主はICカードによる出勤状況の記録を保管しているはずであり，それに基づいて正確な時間外労働の時間数を算出することが可能である，と主張した．事業主は，ICカードに時刻は記載されているが，すべてが労働時間に該当するものではなく，指揮命令下にあってはじめて労働時間に該当する．申立人からの許可申請はなく，許可のない状態で会社に残っていたと主張しても，指揮命令下にある時間ではないので，申立人に支払うべき残業代は存在しない，と主張した．あっせん委員が，時間外労働に関する裁判例等を説明したところ，事業主も，民事訴訟に移行するデメリットを理解するとともに，早期解決を望むようになった．そこで，あっせん委員が，具体的な支払額について，当事者双方の希望を聴きながら合意可能な金額を模索していったところ，事業主の譲歩がみられ，申立人の希望する金額に近い額の解決金の支払いを内容とする合意が成立し，解決するところとなった（全国社会保険労務士会連合会『社労士会労働紛争解決センターあっせん事例集』(2019) 103～106頁）.

［2］　「パワーハラスメント」に係るあっせんの解決事例

[事案の概要]　被申立人（元労働者）は，申立人（事業主）に雇用されていたときに，異動を契機に業務上のミス等を繰り返すようになり，自己都合で退職したが，その約半年後に，「退職の理由は，上司のパワハラが原因でうつ病になり退職に追い込まれたものであり，慰謝料等として賃金6カ月分相当額金○○円を請求する．」との内容証明郵便を郵送してきたことから，事業主は，被申立人との話し合いで解決しようと連絡を試みたが，「もう会社の人とは話したくない．」と拒否され，連絡が取れなくなったことから，被申立人との円満な解決を求めて，あっせんを申請したものである．

[あっせんの概要及び結果]　申立人（事業主）は，被申立人の主張に大変驚いて

いる．被申立人の上司に確認したところ，「つい乱暴な言葉遣いで接したかも
しれないが，業務上の注意でありパワハラと言われるのは心外だ．」と否定している．
被申立人と同じ部署にいた他の労働者にも確認したが，同様に述べており，パワ
ハラの事実はないと考えている，と主張した．被申立人は，事業主があっせんの
申立てを行ったことを知り，センターに問い合わせたところ，「あっせんでは相
手方とは一切会うことはなく，専門のあっせん委員が間に入って解決を図る．」
と聞いたため，あっせんに応じることにした．異動後の新たな部署での業務過多
と慣れない内容に身体的，精神的疲労が重なり，加えて，上司からのパワハラと
も言える厳しい言葉を受け続け，精神的ショックによりうつ病を発症したが，事
業主はこの状態を放置し，何の対応もしてくれなかった．上司からのパワハラな
どにより出勤できなくなり退職を余儀なくされたと考えるので，事業主の管理責
任等を問い，賠償を求めて内容証明郵便で請求したものである，と主張した．あっ
せん委員が確認したところ，事業主は被申立人の仕事ぶりを評価しており，急な
退職やその後の賠償請求に戸惑っていたが，被申立人とのトラブルを早期解決す
るため，「パワハラによる損害賠償という名目ではなく，解決金として賃金1カ
月相当額を支払う用意はある．」との意向を示した．そこで，あっせん委員は，
事業主の意向を被申立人に伝えたところ，自身の仕事ぶりに対する評価を初めて
知り，驚きと嬉しい気持ちがあり，解決に向けて前向きに考えたいが，今後の生
活のために賃金3カ月相当額を支払ってほしいとの回答であった．あっせん委員
が，被申立人の回答を事業主に伝えたところ，被申立人の会社に対する貢献を評
価するとともに早期解決の考えから，賃金2.5カ月相当額を支払う意思を示した．
あっせん委員が，解決に向けての事業主による誠意ある対応ではないかと説明し
たところ，被申立人はこれを受け入れ合意が成立し，解決するところとなった（全
国社会保険労務士会連合会『社労士会労働紛争解決センターあっせん事例集』
126～129頁）．

第 3 節　弁護士会による労使紛争処理

1　弁護士会紛争解決センターにおける労使紛争のあっせんや仲裁

1）　弁護士会紛争解決センターの展開

　弁護士会紛争解決センターは，1990（平成 2）年 3 月に開設された第二東京弁護士会仲裁センターを先駆として，あっせんや仲裁により，民事上の法的紛争の終局的解決を導くサービスを有料で提供する，各地の弁護士会が維持運営する民間のADR機関である．

　2021（令和 3）年 6 月 1 日現在で，大阪弁護士会が独立して運営するものではない公益社団法人民間総合調停センターを含めて，全国52ある弁護士会のうち，36の会により，39カ所に設置されているが，15県には存在せず，利用できない地域が少なくない．

　公益社団法人民間総合調停センターは弁護士会紛争解決センターとして位置づけられるものではないと解されるが，日本弁護士連合会編著『弁護士白書2020年版』（日本弁護士連合会，2021）や日本弁護士連合会ADR（裁判外紛争解決機関）センター『仲裁ADR統計年報（全国版）2020年度（令和 2 年度）版)』（2021）では，公益社団法人民間総合調停センターをも含めて処理実績を記録しており，本稿においても同様に扱うことにする．

　その名称は，各弁護士会により多様であり，「紛争解決センター」の外，「紛争解決支援センター」，「示談あっせんセンター」，「仲裁センター」，「あっせん・仲裁センター」，「民事紛争処理センター」，「示談斡旋センター」，「行政仲裁センター」，「法律相談センター」といったものがある．

2）　弁護士会紛争解決センターにおけるあっせんや仲裁の手続

　あっせんや仲裁の手続は共通するところがほとんどであるが，利用費用の多寡やあっせんや仲裁作業を行う委員の体制等，センターにより多少の違いがある．第二東京弁護士会仲裁センターの和解あっせんや仲裁の利用

費用（税込）は，申立手数料は1万1000円（申立て人のみ），期日手数料5500円（当事者双方），解決時の紛争価額の8％以下が標準の成立手数料（当事者で分担）となっており，少額事件（30万円以下の金銭支払い請求事件）については，申立手数料は3300円，成立手数料は解決時の紛争価額の10％となっている．

　あっせん手続にはADR法，仲裁手続については仲裁法の適用を受けるが，ADR法に基づく法務大臣の認証を受ける必要性を認めず，あるいはADR法による規制を警戒して（小島武司「紛争解決システムの日本的展開（序説）」仲裁とADR6号（2011）5頁及び鈴木昭洋「ADR法に基づく認証ADRの実情と課題」法の支配178号（2015）74〜75頁），認証を受けているところは，神奈川県や愛知県，京都，大阪，兵庫県，和歌山，福岡県の7の弁護士会，10のセンターに止まっている．

3）　弁護士会紛争解決センターにおけるあっせんや仲裁の処理状況

　全国のセンターにおける民事紛争全体の受理件数は，2020（令和2）年度は1023件（前年度は1033件）となっている．相手方が手続に応じる応諾率は65.5％，応諾事件における解決率は51.0％，受理事件全体の解決率は28.3％となっている．解決事件の381件は，ほとんどあっせんによるもので，仲裁によるものは2件に過ぎない（日本弁護士連合会ADR（裁判外紛争解決機関）センター『仲裁ADR統計年報（全国版）2020年度（令和2年度）版』25〜26頁）．

　「職場の紛争」として区分され，そのほとんどが個別的労使紛争と思われる事件は48件（前年度は61件）で全体の4.7％となっている．その内訳は，「解雇・退職」が17件，「賃金」が6件，「労働災害」が5件，「その他」が20件となっている．そのうち，22件（45.8％）が解決に至っている（日本弁護士連合会ADR（裁判外紛争解決機関）センター『仲裁ADR統計年報（全国版）2020年度（令和2年度）版』31〜34頁）．

2　公益社団法人民間総合調停センターにおける労使紛争のあっせんや仲裁

1）　公益社団法人民間総合調停センター

　大阪府では，ワンストップ・サービスの提供という視点から，包括的，総合的なADRが望ましいとの考えにより，大阪弁護士会が中心になり，大阪府社会保険労務士会をも含む各種専門士業団体や経済団体，消費者団体，自治体等もその構成団体として，2009（平成21）年3月2日から，当初は「総合紛争解決センター」の名称で，2015（平成27）年12月1日からは「公益社団法人民間総合調停センター」と改称し，労使紛争を含む，あらゆる民事紛争を，公正，迅速，低費用で，「和解あっせん手続」ないしは「仲裁手続」で解決するサービスを行っている（設立の経緯，組織等については，比嘉廉文「総合紛争解決センターの運用状況」仲裁とADR7号（2012）98〜103頁，最近の概要については，浅田奈津子「認証ADR機関の事例〜公益社団法人民間総合調停センター」月報司法書士571号（2019）30〜36頁）．

　利用費用は，和解あっせん・仲裁のいずれでも，申立人の負担する1万円の申立手数料（相手方が不応諾のときは7000円返金）と，当事者負担（分担か一方負担）の解決金額に応じた成立手数料（100万円未満は1万5000円，100万円以上200万円未満は2万円，200万円以上500万円未満は3万円等で，事案により30％増減の可能性）となっている．

　民間型の総合的なADRとして，一般市民にとっても分かりやすく利用しやすい制度であり，画期的な試みということができる（拙著『入門個別的労使紛争処理制度——社労士法第8次改正を踏まえて——』189頁）．

2）　公益社団法人民間総合調停センターの手続と労使紛争の処理状況

　民間総合調停センターには，独自に社労士会労働紛争解決センター大阪を運営している大阪府社会保険労務士会も準会員として参加し，和解あっせん人・仲裁人候補者として11人の特定社労士を送り出しており（「和解あっせん人・仲裁人候補者」公益社団法人民間総合調停センターHP），労働関係民事紛

争のあっせんでは，主たるあっせん人である２人の弁護士を，特定社会保険労務士のあっせん人１人が労働関係法規に関する専門知識で補佐する形をとり，３回の期日，３カ月程度で解決を目指す手続となっている．

　センターにおける民事紛争全体の処理実績は，2019（令和元）年度は166件の申立て（和解あっせん163件，仲裁３件）を受け，平成30年度からの継続事件41件を含む189件が終結した．終結事件の内訳は，不応諾が80件（42.3%），応諾されたものの不成立が49件（25.9%），和解契約または仲裁判断により成立した事件が60件（解決率31.7%）となっている（公益社団法人民間総合調停センター「令和元年度事業報告書」（公益社団法人民間総合調停センターHP）２頁）．

　労働関係事件は，2012年度は５件，2013年度は４件，2014年度は９件，2015年度は２件，2016年度は５件，2017年度は４件，2018年度は２件，2019年度は５件，2020年度は０件となっている（日本弁護士連合会ADR（裁判外紛争解決機関）センター『仲裁ADR統計年報（全国版）2020年度（令和２年度）版』31頁）．

第４節　その他の民間組織による労使紛争解決サービス

1　労使紛争解決サービスを提供する民間組織

　本章第２節と第３節で述べた社会保険労務士会や弁護士会が運営するもののほか，労使紛争に対応するものとして，民間組織により行われている制度，提供されるサービスには実に多様なものがあり，それらが改編されることも少なくなく，労使紛争処理制度に関わる関係者においても，その全容を正確に把握しておくことは容易なことではないということに留意する必要がある．

　2以下では，労働相談のみならずあっせん以上のサービスを提供するものとして，四半世紀にわたり労使二者構成による独自の試みを行ってきている兵庫労使相談センター，独自の存在意義を誇る一般社団法人日本産業

カウンセラー協会のADRセンターやNPO法人個別労使紛争処理センターによる労使紛争解決サービスについて紹介する.

なお,個別的労使紛争解決に関して格別の高い専門的知見を有する特定社会保険労務士が代理行為を行うことのできる民間組織による個別的労使紛争解決手続は,社労士会労働紛争解決センターのあっせん以外では,本節3の日本産業カウンセラー協会のADRセンターの調停と,本節4のNPO法人個別労使紛争処理センターの調整だけとなっており,特定社会保険労務士の専門的知見を十分に活かすことのできない状況にあるということに留意する必要がある.

2 兵庫労使相談センターにおける労使紛争処理

1) 兵庫労使相談センター

兵庫労使相談センターは,阪神・淡路大震災を契機として,労使間の問題を,公平,迅速に解決しようと,連合兵庫と兵庫県経営者協会が協同で開設し,1996(平成8)年9月9日から,無料の労働相談と紛争解決あっせんサービスを行っている組織である(当初の状況については,拙著『日本における労使紛争処理制度の現状』(晃洋書房,2008)177〜183頁).

兵庫県労働委員会は,兵庫労使相談センターの存在と実績を考慮して,個別的労使紛争に関するあっせん等の事務を行っていない(永友節雄「個別労働紛争の現状と課題——兵庫労使相談センターから」ジュリスト1408号(2010)103頁).

2) 兵庫労使相談センターにおける労使二者構成による無料の労働相談

兵庫労使相談センターの労働相談の特徴は,まず,労使双方の相談員がペアで行う(労使二者構成による)というところにあり,労使双方の経験を踏まえた,バランスの良い対応が期待できるものとなっている.また,対象とする労使紛争に限定はなく,労働者側だけでなく,整理解雇の方法など使用者側の相談や,労働組合内部の問題のような,厳密には労使紛争と

はいえない事項に関する相談にも応じるということである.

　相談員は，労働委員会委員経験者を中心に，県経営者協会と連合兵庫が推薦する労使各 7 名，合計14名が交替で務めている．その中には，社会保険労務士の資格を有する者も労使各 1 名含まれている．専門性の維持・向上のために，2 カ月に 1 回程度の定例研修会を開催し，相談事例を題材として，意見交換や事例研究をする機会を設けている（永友節雄「個別労働紛争の現状と課題——兵庫労使相談センターから」101頁）.

　労働相談の開設日は，祝日・お盆・年末年始を除く，月曜日から土曜日で，午前10時から午後 6 時まで，電話（フリーダイヤル，0120-81-4164「はい・良い労使」），面接，メールにより対応している．フリーダイヤルは長時間になりがちな電話による相談の利用促進に役立つとともに，土曜日やメールへの対応は，その利便性を大きく高めている.

　労働相談の処理実績は，1996（平成 8）年 9 月 9 日の開始から2017（平成29)年 3 月までの累計件数で5048件となっている．「労働条件」が4174件(1108件の解雇事件の外，正規従業員からパートへの移行，賃金切り下げ，残業賃金不払い，賃金不支給のまま社長の夜逃げ等），「労使関係」が874件(団体交渉,ユニオンショップ，リストラ等）となっている（兵庫労使相談センターHP).

3）　兵庫労使相談センターにおける紛争解決あっせんサービス

　開設から2001年までは，紛争解決のためのあっせんも行い，54件の実績があったが（あっせんの具体例は，佐藤幸一「兵庫労使相談センターの設立経緯と取り組みについて」労働法律旬報1447・1448号（1999）36頁），都道府県労働局による個別的労使紛争についてのあっせんサービスが始まった2001年以降は，労働相談を受けても，相談者の相手方と接触することはしないことを基本としてきた.

　しかし，相談事案の中に，労使双方の解決意欲が高く，かつ相談員による若干のアドバイスで早期解決を見込めるものの存在が認識されたことから，研究会での検討・論議を行い，改めてマニュアル等を整備した上で，

2009年秋以降，相談者の希望や担当相談員2名の合意を条件として行う，あっせんサービスを再開している（永友節雄「個別労働紛争の現状と課題——兵庫労使相談センターから」98頁及び100頁）．

　兵庫県労働委員会が個別的労使紛争のあっせんを行っていない現状では，兵庫県において欠くべからざる存在となっており，兵庫労使相談センターのあっせんが大いに期待されるところとなっている．

3　日本産業カウンセラー協会設置のADRセンターによる 個別的労使紛争処理

1）　日本産業カウンセラー協会設置のADRセンター

　産業カウンセリングの普及や産業カウンセラーの養成を行っている全国的組織である一般社団法人日本産業カウンセラー協会は，ADR法に基づく法務大臣の認証と，社会保険労務士法に基づく厚生労働大臣の指定を受けて，4つのADRセンター（東京都港区と渋谷区，名古屋市，大阪市）において，男女間の関係の維持調整に関する紛争と個別労働関係紛争を和解に導くための調停手続を，有料で行っている．

2）　ADRセンターによる個別労働関係紛争の調停手続

　ADRセンターの調停手続は，産業カウンセラーの有資格者で，かつ対象となる紛争分野の専門家で構成される調停者候補者から原則1名（センター長が事案の内容等からみて相当と認めるときは，2人以上）選任される調停者により，「対話促進型の調停」が行われ，原則として，申立人と相手方が同席して行うところが特徴となっている．

　調停は，おおよそ1回2時間で行われ，4回位を目途に，3カ月以内での和解成立に努めており，和解が成立したときには，弁護士の助言を得た上で，担当調停者により和解契約書が作成され手続は終了する．

　利用費用は，申立人が負担する2万7000円の申立手数料と，当事者双方折半負担の成立手数料（300万までは8％など紛争価額に応じて算出），および，

2回目以降の期日について当事者双方がさらに1日各6000円負担するというものである.

3) ADRセンターによる個別労働関係紛争の調停の処理実績

2019(令和元)年度の4つのADRセンターにおける処理実績は,合計で1件の申立を受け,当事者の一方の離脱により未解決のまま終了した.

4 NPO法人個別労使紛争処理センターによる個別的労使紛争処理

1) NPO法人個別労使紛争処理センター

NPO法人個別労使紛争処理センターは,社会保険労務士を中心とする組織であり,東京都千代田区において,労使紛争解決サポート首都圏という名称で,当事者のいずれかの住所又は所在地が,東京都や埼玉県,千葉県,神奈川県,茨城県,栃木県,群馬県,山梨県にある1都7県の当事者間の個別的労使紛争の解決のサポートを行っている.

NPO法人個別労使紛争処理センターは,社会保険労務士を中心として,弁護士,司法書士,行政書士,税理士,経営コンサルタント等,職業生活にかかわる専門家が無料の法律相談を行い紛争の早期解決を支援するとともに,ADR法に基づく法務大臣の認証と,社会保険労務士法に基づく厚生労働大臣の指定を受けて,労使紛争解決サポート首都圏という名称で,当事者のいずれかの住所又は所在地が,東京都や埼玉県,千葉県,神奈川県,茨城県,栃木県,群馬県,山梨県にある1都7県において,当事者の求めに応じて,有料での紛争の「調整」を行ってきている.

2) 労使紛争解決サポート首都圏の調整の手続

労使紛争解決サポート首都圏の手続は,個別労使紛争事件について,弁護士,認定司法書士及び社会保険労務士からなる委員候補者から,弁護士1名を含む2名の委員を選任して,調整による和解を目指す手続である.

利用費用は,申立の際に,申立手数料5000円と郵送料1000円が必要とな

り，5000円の期日開催料が加わり，いずれも申立人の負担とされている．

3）　労使紛争解決サポート首都圏の調整の処理実績

　労使紛争解決サポート首都圏の調整の処理実績は乏しく，2020（令和 2）年度における申立は 0 件であった．

第5章　裁判所における個別的労使紛争処理

第1節　簡易裁判所における労使紛争処理

1　簡易裁判所の諸制度

1）　簡易裁判所の諸制度の手続の特色

　簡易裁判所は，都道府県に数カ所，全国津々浦々438カ所も設置されており，アクセスも非常に容易な，国民にとって一番身近な裁判所となっている．簡易裁判所の役割としては，① 第一審訴訟事件を訴額に応じて地方裁判所と分担する役割と，② 少額事件を簡易・迅速に解決する市民に親しみやすい裁判所としての役割の2つの面があるが，1998年1月1日に少額訴訟が新設されてからは，後者の役割の重要性が増したと言われている（塩谷雅人・近藤基『簡裁民事ハンドブック』（民事法研究会，2006）4頁）．

　民事調停や少額訴訟，民事訴訟，支払督促等の手続が行われており，利用者の利便性を図るために，それぞれの手続の特徴などを判り易く比較した表や分かり易いパンフレットが作成，配布されている．また，民事調停で「賃金」支払を求めるための定型「調停申立書」や，少額訴訟や民事訴訟により「給料支払請求の訴え」を起こすための訴状作成を分かり易く解説した用紙，「給料支払請求の訴え」のための定型「訴状」（菅野和夫『労働法〔第12版〕』（弘文堂，2019）1178頁），も無料で提供されている．

　そのため，簡易裁判所で利用できる手続は，地方裁判所の手続とは異なり，非常に利用し易くなっており，弁護士や司法書士等の支援を受けることなく，当事者だけで利用し，迅速な解決を図ることも不可能ではないも

のとなっている.

　労使紛争は，争いの対象が多額ではないものや，当事者の話し合いで解決するのに適した事案も少なくないことから，民事調停や訴額140万円以下の民事訴訟，60万円以下の金銭の支払に関する少額訴訟が有効に対応するものと解される. また，確たる証拠等があり，相手方が争わないようなときには，支払督促を利用することが得策となることもある. 労使紛争の処理に，簡易裁判所の諸制度が，なお一層活用されることが期待されているということができる（村中孝史「労働審判制度の概要と意義」季刊労働法205号（2004）28頁は，「比較的単純な労働事件については，アクセスの点で優れる簡易裁判所において簡易迅速に処理することにも合理性があり,今後,事件数の推移によっては,簡易裁判所における労働事件処理能力の向上を検討することも必要となろう」と述べている）.

　なお，民事調停に関しては，労働関係事件への利用の増大を見込んで，民事調停委員に，労働関係法規に詳しい唯一の国家資格者である社会保険労務士を任命している簡易裁判所も増えてきている. 裁判所は，労使紛争を弁護士に依頼することなく解決しようとする当事者に対しては，労働審判ではなく，民事調停を勧めるようになっている. 東京簡易裁判所では，過剰な負担を抱えた東京地方裁判所の労働審判事件を分担させる意図をもって，2011（平成23）年4月から社会保険労務士や労働法に詳しい弁護士を調停委員に任命して，民事調停で，個別労働関係事件を処理するようになっている（日本経済新聞2010年8月14日朝刊34面）.

　また，少額訴訟に関しては，労働審判制度が整備されたことにより，個別的労使紛争を少額訴訟で処理する合理性が低下したとの指摘がある（上田竹志「少額訴訟手続, 和解に代わる決定の現状と課題」法律時報87巻8号（2015）44頁）.

2）　簡易裁判所の諸制度における労使紛争の処理状況

　簡易裁判所の諸制度も労使紛争の処理に活用されているものと推定する

ことができるが，各制度において処理されている事件数の全体は明らかに
なっているものの，その中における労働事件の割合が明らかではなく，時
折，特定の簡易裁判所に関する数字が明らかにされるに過ぎないという状
況にあり，簡易裁判所の民事事件の中の，労働事件の数が明らかにならな
いと，日本の労使紛争処理の実態は分からないという状況にある．

　いずれも東京簡易裁判所におけるものであるが，労働関連事件について
の民事調停の提起が，2002年においては110件（岩出誠『実務労働法講義下巻（改
訂増補版）』（民事法研究会，2006）866頁），2011年度においては103件の申立て
があったと報告されている（水口洋介「簡易裁判所の個別労働関係調停事件につ
いて」月刊労委労協2012年6月号35頁）．少額訴訟事件においては，2002年には，
個別的労使紛争とみることのできる「賃金等」と「解雇予告手当」で，全
体の13.9％を占めていたと報告されている（菅野和夫『労働法〔第8版〕』（弘
文堂，2008）751頁）．

　2020（令和2）年における労働関係民事事件を含む全民事事件の件数では，
民事調停は2万6390件，訴額140万円以下の民事通常訴訟は30万9362件，
60万円までの金銭支払いを目的とする少額訴訟は7944件となっており（最
高裁判所事務総局民事局「令和2年民事事件の概況」法曹時報73巻11号（2021）107頁），
これらの簡易裁判所における全民事事件のうち，労働関係事件の割合が，
例えば3％だとしても1万件を超える数字となり，かなりの処理実績とい
うことになる．

3)　隣接法律専門職の関与の期待

　2003（平成15）年4月施行の改正司法書士法により，「認定司法書士」（司
法書士法3条2項1号の特別研修を修了後，簡裁訴訟代理能力認定考査に合格し認定
を受けた者）は，簡易裁判所の民事訴訟等の各種の手続きや和解交渉等の「簡
裁訴訟代理関係業務」を行うことができることから，認定司法書士が労働
法を詳しく勉強し，積極的に個別的労使紛争を手掛けるようになると，簡
易裁判所の個別的労使紛争処理機能は一層増大するものと思われる（労働

者側から個別的労使紛争事件を手掛けている認定司法書士による興味深い論稿として，上野祐一「司法書士の労働者側からの個別労使紛争事件に対する関わり方の考察」THINK司法書士論叢117号（2019）139～154頁がある）．

　しかし，現状では，簡易裁判所における通常訴訟や少額訴訟において，当事者の双方又は一方が認定司法書士を代理人に選任している割合は5.1％と（最高裁判所事務総局民事局「令和2年民事事件の概況」109頁），非常に低いものとなっており，また，そもそも，認定司法書士一般に，流動化している労働法の規制を常に把握することを望むのは困難である．

　隣接法律専門職としては，社会保険労務士の専門的知見を有効活用するほうが合理的である．労使いずれの側に関しても，社会保険労務士が加わることにより，簡易裁判所の手続での労使紛争処理における専門性が高まり，労働法の趣旨に適った解決に至る可能性を，より一層高めるものと期待することができるものと考えられる．

　2015（平成27）年4月1日施行の社会保険労務士法第8次改正により，社会保険労務士は，事業における労務管理その他の労働に関する事項及び労働社会保険諸法令に基づく社会保険に関する事項について，裁判所における訴訟手続において，補佐人として，弁護士である訴訟代理人とともに出頭し，陳述をすることができるようになっている（社労法2条の2）．簡易裁判所においても，社会保険労務士は，通常訴訟や少額訴訟において，出頭し，陳述をすることができるようになっているが，すでに多くの社会保険労務士が，簡易裁判所において民事調停委員や司法委員として活躍している実態があること，また，民事通常訴訟においては140万円以下，少額訴訟も60万円までの事件という限定があり，民事調停は当事者による任意の和解をもたらすADRに止まるものであること，そして，社会保険労務士の専門性を考慮するならば，むしろ，労働法の専門性が担保されている唯一の国家資格者である社会保険労務士が，簡易裁判所における民事調停などの訴訟以外の手続においても，より積極的に関わり，労使紛争処理のレベルを高めることが期待されているということができる．

　少なくとも個別的労使紛争に関しては，簡易裁判所のすべての手続において，まずは特定社会保険労務士の代理行為ないしは単独の補佐行為を認める制度を設けることが，「国民に対する利便性と司法サービスの向上」にも役立つことになり，まさに得策であり（大槻哲也『社労士大槻哲也の奮闘記』（中央経済社，2012）82頁），それにより，簡易裁判所の個別的労使紛争処理機能は大いに高められるものと解される（拙稿「日本における労使紛争処理制度の展開と社会保険労務士法の改正」松山大学論集30巻5－1号（2018）406頁）．

2　民事調停

1）　民事調停の仕組み

　民事調停は，調停委員会が紛争の解決を目指して当事者を説得し，その結果として当事者を合意に導くことにより，紛争を解決しようとする制度である．その基本法として「民事調停法」が制定され，同法に基づいて手続を定める「民事調停規則」が制定されている．民事調停では，紛争対象の金額に関係なく，簡易裁判所を利用できるという大きなメリットがある（民事調停手続の概略や，給料，退職金，解雇予告手当金，セクハラによる損害賠償請求の記載例，「給料」についての「定型申立書」を掲載したものとして，茗荷政信・近藤基『書式和解・民事調停の実務［全訂6版］』（民事法研究会，2006）がある）．

　民事調停は申立てにより始まるが，民事訴訟を審理している裁判所が調停による解決が妥当と判断して勧めることにより，調停に至ることもある（石原豊昭・石原輝・平井二郎［國部徹補訂］『訴訟は本人で出来る［第4版］』（自由国民社，2018）268頁）．申立て手続については，調停係が受付窓口で相談に応じている．申立ては口頭でもできるとされているが，通常は，申立書の提出により行われる（民調規3条1項及び民調法2条）．

　民事調停は，原則として，調停主任である裁判官1名と，良識ある民間人（弁護士や学識経験者）から選ばれた民事調停委員2名により構成される調停委員会により，非公開で行われる（民調法5条1項本文，同法6条及び民調規10条）．

　申立てがあると，調停委員会は，「調停期日」（調停を行う日時）を決めて，申立人と相手方に通知する（民調規7条1項）．調停期日には，調停主任裁判官，民事調停委員及び当事者の他に，裁判所書記官や利害関係人などが，調停室に参集して，当事者双方や証人，参考人などの第三者からの事情聴取や，事実関係の調査，当事者の説得などが行われ，解決のための調停案が調停委員会から示される．民事調停の流れと調停室については，**図5-1**を参照のこと．

　当事者間に合意が成立し調停調書に記載されると「調停の成立」となり，手続は終了する（民調法16条）．調停調書は「裁判上の和解と同一の効力」すなわち「確定判決と同一の効力」を有する（民調法16条）．合意が成立する見込みがない場合に相当であると認められるときには，適切妥当と考えられる解決案を裁判の形で明示することが紛争終結の契機となることを期待して（民事調停実務研究会編『最新民事調停事件の申立書式と手続』（新日本法規出版，2003）25頁），当事者双方の申立ての趣旨に反しない限度で，職権により「調停に代わる決定」が下される（民調法17条）．当事者が決定の告知を受けた日から2週間以内に異議の申立てをすると決定は効力を失うが，異議の申立てがないと，決定は「裁判上の和解と同一の効力」を有することになる（民調法18条1〜5項）．

　調停調書や調停に代わる決定が金銭支払など給付義務を内容とする場合に，当事者が任意に履行しないときには，調停調書正本又は調停に代わる決定正本に執行文の付与を受けて執行機関に執行の申立てをして，強制的に履行させることができる（民事調停実務研究会編『最新民事調停事件の申立書式と手続』28頁）．

2）　民事調停の状況

　2020（令和2）年の新受事件数は2万6390件（最高裁判所事務総局民事局「令和2年民事事件の概況」111頁），そのうち，「宅地建物」，「農事」，「商事」，「交通」，「公害等」，「特定」を除いた，労働関係民事事件が含まれると想定さ

図 5-1　民事調停の流れと調停室

民事調停の流れ

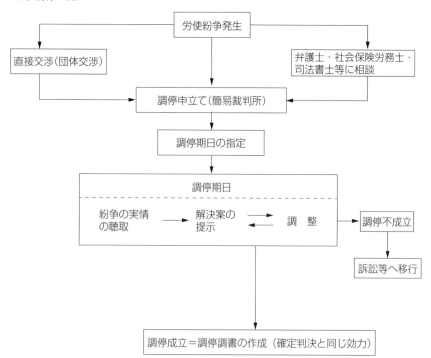

調　停　室

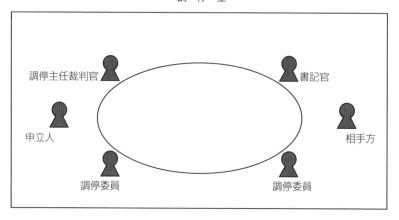

れる「一般」は 1 万5070件であり，民事調停全体の57.1％を占めている（最高裁判所事務総局編『司法統計年報 1 民事・行政編令和 2 年』（法曹会，2021）61頁）．

「民事一般」の民事調停の既済事件は 1 万5015件であり，既済事由の内訳は，調停成立が4267件（28.4％），不成立が4774件（31.8％），調停に代わる決定が3807件（25.4％）等となっている（最高裁判所事務総局編『司法統計年報 1 民事・行政編令和 2 年』61頁）．調停に代わる決定に対する異議申立ての割合は民事調停全体で0.8％と極めて低く（最高裁判所事務総局民事局「令和 2 年民事事件の概況」111頁），民事調停手続において半数以上が解決に至っている．

審理期間は，民事調停全体の既済事件平均で4.3カ月，期日の実施回数の平均も1.9回であり（最高裁判所事務総局民事局「令和 2 年民事事件の概況」112頁），迅速に行われる手続きとなっている．

なお，最高裁判所は，労働審判事件の負担軽減を図る意図もあり，簡易裁判所での労働関係事件への対応を強化するために，東京簡易裁判所において，民事調停による労使紛争処理能力を向上させる取り組みを試験的に開始したが，その初年度である2011（平成23）年度の処理状況は明らかになっている．申立てが103件で，終局件数は81件，調停成立が36件（44.4％），不成立が32件（39.5％），調停に代わる決定が 2 件（2.5％），取下げ等が11件（13.6％）となっている（水口洋介「簡易裁判所の個別労働関係調停事件について」35頁）．

3　訴額140万円以下の民事訴訟

1 ）　訴額140万円以下の民事訴訟の仕組み

訴額140万円以下の民事訴訟は，簡易な手続により迅速に紛争を解決するものであり（民訴法270条），「本人訴訟」も想定され，また，裁判所の許可があれば，弁護士でない者も訴訟代理人となることができる（民訴法54条 1 項但書）．

訴えの提起は，訴状によるほか，口頭でもできる（民訴法133条，271条）．

弁論も簡略化され，口頭弁論期日に出す主張や証拠を，事前に準備書面で提出しておく必要はなく，いきなり口頭弁論で行うこともできる（民訴法276条1項）．

　なお，解雇無効の確認を求める事件など，訴訟の目的の価額を算定することができない又は極めて困難なものは，その価額は140万円を超えるものとみなされ（民訴法8条2項），訴額140万円以下の民事訴訟の対象とはならない．

2）　訴額140万円以下の民事訴訟の状況

　2020（令和2）年の訴額140万円以下の民事訴訟の第1審通常訴訟の新受事件は30万9362件であり，訴額階級別による内訳は，30万円までが37.9％，30万円を超え140万円まで56.2％等となっている（最高裁判所事務総局民事局「令和2年民事事件の概況」106頁）．その中に占める労働関係事件の割合は明らかではないが，個別的労使紛争は少額の事件が多いことからすると，少なくないものと推測される．

　既済事件総数は29万7142件で，判決によるものが40.7％，和解によるものが9.3％，取下げによるものが35.1％等となっている．判決により終了したもののうち，対席判決は30.4％で，69.6％が欠席判決となっている．判決の結果は，98.1％が請求認容（一部認容を含む）で終了しており，そのうち70.8％が欠席判決となっている（最高裁判所事務総局民事局「令和2年民事事件の概況」108頁）．

　既済事件の審理期間は，係属後3カ月以内の処理が55.2％，3カ月を超え6カ月以内の処理が32.8％，6カ月を超え1年以内の処理が10.3％，1年を超えての処理が1.7％となっており，係属後6カ月以内に88.0％の事件の処理が終了している．平均審理期間は2.0〜2.3カ月で推移していたときもあったが，10年ほど前からはやや長期化が進み，2020（令和2）年は3.7カ月となっている（最高裁判所事務総局民事局「令和2年民事事件の概況」109〜110頁）．それでも，労働関係事件に強く要請される事件の迅速処理は十分

に実現されている.

4　60万円以下の金銭の支払に関する少額訴訟

1）　少額訴訟の仕組み

　少額訴訟は，複雑困難ではない少額の事件について，訴額に見合った経済的負担で，迅速かつ効果的な救済を図るための特別の手続であり，60万円以下の金銭支払の請求を目的とする訴えについて利用することができる．少額訴訟手続のコンセプトは，「早い，安い，簡単，親切」となっている（加藤新太郎編『簡裁民事事件の考え方と実務』（民事法研究会，2002）298頁）.

　原告は，訴えを提起する際に少額訴訟による審理・裁判を求める旨を申述する（民訴法368条 1 項本文，同 2 項）．この手続では反訴の禁止，証拠方法の制限や上訴の制限などがあるので，被告は通常の手続に移行させる旨の申述をすることにより，通常の手続へ移行させることができる（民訴法369条，373条 1 項及び 2 項）.

　「一期日審理の原則」により，特別の事情がある場合を除き最初にすべき口頭弁論の期日で審理を完了し，相当でないと認める場合を除き口頭弁論終決後直ちに判決が言渡される（民訴法370条 1 項，374条 1 項）．少額訴訟の終局判決に対しては控訴できず，判決書又はそれに代わる調書の送達を受けた日から 2 週間以内に，その判決をした裁判所に異議の申立てができるだけである（民訴法377条，378条 1 項）．適法な異議があると，訴訟は口頭弁論の終結前の段階に戻り，簡易裁判所の通常手続により，審理及び裁判をすることになる（民訴法379条 1 項）.

2）　少額訴訟の状況

　2020（令和 2 ）年の少額訴訟事件の新受事件は，7944件となっている．既済事件総数は5915件であり，既済事由の内訳は，判決によるものが44.3％，和解によるものが21.1％，取下げによるものが27.7％等となっている.

判決で終了したもののうち，対席判決は35.8％で，64.1％が欠席判決で終了している．判決のうち，その90.7％が請求認容（一部認容を含む）判決となっており，請求認容判決の70.0％が欠席判決となっている（最高裁判所事務総局民事局「令和２年民事事件の概況」108頁）．

既済事件の平均審理期間は，1.6〜1.7カ月で推移していたときもあったが，2014（平成26）年からはやや長期化が進んで２カ月前後となり，2020（令和２）年は，コロナ禍の影響も受けてか2.8カ月となっている（最高裁判所事務総局民事局「令和２年民事事件の概況」110頁）．少額訴訟においても，労働関係事件に強く要請される事件の迅速処理は，十分に実現されている．

第２節　地方裁判所における労働審判制度による 個別的労使紛争処理

1　労働審判制度の意義

20世紀末における日本の司法制度改革の大きな流れに乗り，個別労働関係の民事紛争を迅速に解決するためのものとして，労働審判制度が創設された（労働審判制度創設の際の議論等については，拙稿「労働審判制度における個別的労使紛争処理の実際」松山大学総合研究所所報76号（2013）１〜７頁参照）．2006（平成18）年４月１日から運用が開始され，15年以上が経過し，個別労働関係ADRの代表格として労使関係の現場にも定着し，克服すべき課題はあるものの，処理実績の面からしても，明らかに成功を収めている制度となっている（清水響「労働事件の現状と労働審判・労働訴訟の課題」法の支配179号（2015）114頁）．

労働審判制度は，個別的労使紛争について，裁判官が務める労働審判官１名と，労働関係に関する専門的な知識経験を有する者として労働者側と使用者側から各１名選出される労働審判員２名により，合計３名で構成される労働審判委員会により行われ，合議により決せられる手続となっている．2018年４月１日現在の労働審判員の任命状況は，連合（日本労働組合総連合会）が推薦取りまとめをしている労働者側が756人（女性は51人），経団

連（一般社団法人日本経済団体連合会）が推薦取りまとめをしている使用者側
が750人（女性は33人）で総数1506人となっており，女性の割合が5.6％と低く，
ジェンダーバランスをとることが課題となっている．平均年齢は60.9歳で
ある（最高裁判所事務総局行政局2018年11月8日開催全国労働委員会連絡協議会公益
委員連絡会議提出資料「適正迅速な労働紛争解決に向けて〜司法の視点から〜」12頁）．

　労働審判制度においては，申立てがあれば相手方の応諾の意思に関係な
く事件を審理し（手続への参加強制），期日を3回以内（3〜4カ月程度）とし
て労働事件処理に必要とされる迅速処理を最優先しながらも，権利義務を
も踏まえて，和解による解決の見込みがある場合には，随時，調停が積極
的に試みられる．第1回期日が中心となる運用となっており，争点整理か
ら権利関係の判断に必要な証拠調べ，調停の試みまで第1回期日で行われ
ることが多く，「訴訟でいうと，優に半年分以上を第1回期日でやってし
まっている」と表現する裁判官もいる（中西茂東京地方裁判所判事発言「特別
座談会労働審判制度の運用状況」『労働審判制度の活用と運用』（商事法務, 2007）19頁）．
調停による和解に至らない場合には，労働審判委員会の合議に基づく解決
案である労働審判が下され，労働審判に当事者から異議が出なければ，「裁
判上の和解」と同一の効力が付与されて，事件は終結する．異議が出たと
きには労働審判は失効するが，訴えの提起があったものと擬制され，民事
訴訟に移行する仕組みとなっており，解決を強力に促すために，最終決着
の手続もセットされている（労働審判制度による処理の実際を，物語仕立てで紹
介したものとして，拙稿「労働審判制度における個別的労使紛争処理の実際」59〜102
頁がある）．多くの労働事件を手掛けている徳住堅治弁護士は，「調停機能
と判定機能との結びつき方に制度的生命力があり，その上で，迅速性，専
門性，適正性の多様な仕組みを具有しているユニークな制度」と表現して
いる（徳住堅治「労働審判制度の解決機能とインパクト」東京大学法科大学院ローレ
ビュー3号（2008）220頁）．民事紛争処理制度に詳しい京都大学大学院法学
研究科の山田文教授は，労働審判手続の特徴として，① 裁判体そのもの
への専門性の導入（労働審判員），② 迅速性の制度的保障（原則3回期日），

③ 計画的かつ集中的な審理（主張・証拠の一括提出主義），④ 口頭主義（労働
審判規則17条１項），⑤ 直接主義，⑥ 実体的権利関係の「判定的機能」の６
点を指摘している（山田文「労働審判の未来——その評価と民事訴訟制度への示唆」
論究ジュリスト24号（2018）73頁）．労働審判の流れと労働審判委員会について
は，図 5‐2 を参照のこと．

　労働審判委員会が設置されているのは，東京地裁の立川支部と静岡地裁
の浜松支部，長野地裁の松本支部，広島地裁の福山支部，福岡地裁の小倉
支部の５つの支部を除けば，函館市，旭川市及び釧路市と各都道府県庁所
在地の50カ所にある地方裁判所の本庁のみとなっており，アクセスに関し
ては必ずしも良くない手続となっている．そのため，民事訴訟で使われて
いるTV会議システムが，労働審判手続においても利用できるようになっ
ており，労働審判手続を取り扱う裁判所から離れた地域の当事者は，近く
の裁判所で，期日における手続に参加することも可能となっている．

2　労働審判制度の新受件数，事件類型

　全国の労働審判事件の新受件数は前年をやや下回る年もあったが，増加
ないし高止まり傾向を維持し，この10年ほどは3300件台から3700件台で推
移していたが，2020（令和２）年は3907件と，これまでで最も多い件数となっ
ている．

　2020（令和２）年の新受件数を事件類型別にみると，金銭を目的とする
事件が1992件（全体の51.0％）で，その内訳としては，賃金手当等の支払を
求めるものが1501件，退職金の支払を求めるものが66件，それ以外の金銭
の支払を求めるものが425件となっている．

　金銭を目的とするもの以外の事件が1915件（全体の49.0％）で，その内訳
としては，雇用契約等に基づく従業員としての地位確認を求めるものが
1853件，それ以外のものが62件となっている（最高裁判所事務総局行政局「令
和２年度労働関係民事・行政事件の概況」法曹時報73巻８号（2021）64頁）．

図5-2　労働審判の流れと労働審判委員会

労働審判の流れ

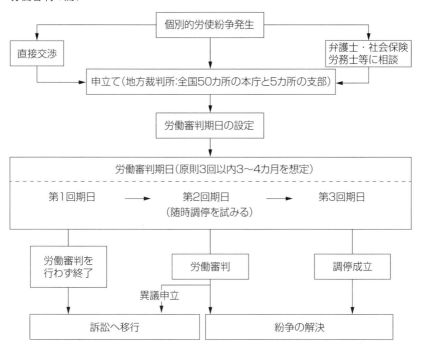

労働審判委員会

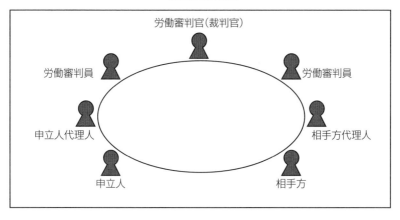

3　労働審判制度の処理状況

　2020（令和２）年中に既済した3755件の終局事由ごとの処理状況は，積極的に試みられる調停が功を奏し，調停成立が2559件（全体の68.1％）となっている．調停が成立せず労働審判に至ったものは608件（同16.2％）となっている．労働審判に対する異議の申立率は57.1％（347件）で，261件は当事者双方から異議申立てがなく確定し，事件は終結している．

　調停を受諾するには至らないものの，調停案とほぼ同一内容の労働審判に対する異議の申立率が例年50〜60％台に止まっていることについては，裁判官により，「当事者本人が，審判委員会の示す調停案について理屈では理解できるものの，感情的な整理ができず，期日において調停には応じなかったが，かといって，審判に異議を出してまで紛争を継続させる決断までもできなかったという事案が相当数ある」と表現されている（吉田光寿「東京地方裁判所労働部の事件概況」法曹時報67巻９号（2015）73頁）．また，山田文教授は，「調停としての積極的な合意はしない（できない）が，審判に対しては消極的な合意をするケースがあること，審判により移行後の判決の予測も立ち，これ以上争う必要がないと判断する場合が一定数あることがうかがわれ」る，と述べている（山田文「労働審判の未来――その評価と民事訴訟制度への示唆――」74頁）．

　結局のところ，調停成立と異議なしの労働審判により，全体の75.1％が労働審判手続において解決している．

　労働審判制度は，調停重視型の裁判外紛争解決制度（ADR）であり，手続の中で行われることは，基本的には，都道府県労働局の紛争調整委員会のあっせん・調停や都道府県労働委員会のあっせん，社労士会労働紛争解決センターのあっせん等と変わりはない．決定的な違いは，相手方に「手続への参加強制」が図られていることであり，また，労働審判手続で解決できない場合には必ず民事訴訟に移行するというシステムが，調停による和解を促し，労働審判に対する異議の申立てを押さえ，解決率を高めているとみることができる（拙著『入門個別的労使紛争処理制度――社労士法第８次

改正を踏まえて──』（晃洋書房，2017）63頁．山川隆一「個別労働関係民事紛争の解
決手段の現状と今後の課題」法の支配190号（2018）99頁は，「労働審判を受け入れな
い場合には通常訴訟というヘビーで厳格な手続を覚悟してくださいという設計になっ
ており，これにより当事者に，審判ないし調停案の受入れへのインセンティブが生ずる」
と表現する）．

　労働審判に異議が申し立てられた347件と，労働審判委員会が，労働審
判手続を行うことが紛争の迅速かつ適正な解決のために適当でないと認め
て労働審判法24条１項により手続を終了させた191件の合計538件（既済件
数の14.3％）が，民事通常訴訟に移行することになるが（最高裁判所事務総局
行政局「令和２年度労働関係民事・行政事件の概況」64頁），その中には申立人の
取下げにより民事通常訴訟に移行せず終了するものもある．

　期日は３回以内を原則としているが，１回以内で終わったものが
41.4％，２回で終わったものが37.2％と，２回までで処理されているもの
が８割弱を占め，申立てから終局日までの平均審理期間も3.6カ月で（最高
裁判所事務総局行政局「令和２年度労働関係民事・行政事件の概況」65頁），コロナ
禍の影響をうけてか前年の2.9カ月よりも大幅に時間を要しているが，民
事通常訴訟の４分の１にも満たないものとなっており，制度設計通りの非
常に迅速な処理が実現している．

4　労働審判制度により解決した事例

［１］「中途採用者の試用期間延長後の本採用拒否」（地位確認等請求事件）

　[事案の概要] 相手方が運営する病院の正職員（看護師）として中途採用された
申立人は問題行動を繰り返した．そこで，相手方は，申立人の試用期間を延長し
改善の機会を与えたが，申立人に改善が見られなかったため，正職員として不適
格であると判断して退職勧奨を行った．しかし，申立人がこれに応じなかったこ
とから，延長後の試用期間満了をもって普通解雇したところ，申立人は，解雇は
無効として地位確認を求めるとともに，違法な退職勧奨による損害賠償を求める
労働審判を申し立てたものである．なお，申立人は，解雇後，職員寮の退去期間

を過ぎても居住し続けていたため，相手方は，申立人に対し職員寮の明渡しを求める訴訟を提起していた．

[**審理の経過**] 第1回審判期日において，まず申立人の問題行動に関する事実確認が行われた．申立人は，相手方がとくに重大であると主張した事象等に関しては，記憶にない，事実と異なる等と反論したが，複数の問題行動について事実を認めた．次に，申立人が試用期間について説明を受けていない等と主張していたことから，試用期間の説明の状況等についての確認がなされた．相手方は，採用面接時に説明し，就業規則にも規定し周知していること，入職後に試用期間の記載がある労働条件通知書を交付したが，約半年後に，申出人から交付を受けていないとの申出があったので，試用期間延長前に再交付した，との説明を行った．その後，労働審判委員会は，和解の意向の確認に進んだ．まず，相手方に対しては，解雇の有効性は認められると考えているとの心証開示を行った上で，解雇理由が専門的で多岐に渡ることや，試用期間の有無等についても争いがあることから，訴訟となれば解決には長期間を要し立証の負担も大きいこと，労働審判で和解となれば職員寮の明渡請求訴訟も解決できるので，和解のメリットはあり，解決金の支払いによる和解を検討できないかとの打診をした．次に，申立人の意向を確認したところ，①和解成立後1カ月以内の職員寮明渡，②①を履行した場合の職員寮の賃料相当損害金の免除，③①の履行確認後，相手方が解決金50万円を支払う，との内容であれば和解を検討できるということであった．そこで，申立人の示した条件をベースに和解可能ということであれば，相手方が，受入れ可能な調停条項案を第2回期日までに提出すること，また，申立人も職員寮の明渡日を検討して相手方に連絡することとして，第1回期日は終了した．期日間において，相手方が提出した調停条項案は，申立人の職員寮の賃料相当損害金の支払義務，職員寮の明渡義務及び明渡期限，当該期限までに明渡が完了したときの賃料相当損害金の免除と建物明渡請求訴訟の取下げを盛込んだものであった．申立人から相手方に対して，職員寮の明渡期限を第2回期日の翌月末日としたいとの連絡が来て，相手方は，その場合の解決金は30万円が限度であると申立人に回

答した．第2回期日では，当月中に第3回期日を行うこととした上で，第3回期
日までに，申立人において職員寮の明渡期限を検討し，翌月末日とする場合には，
解決金を30万円とするとした．第3回期日では，職員寮の明渡期限を当月末日と
することとして，解決金を50万円とするほか，相手方が提出した調停条項案の内
容で調停が成立した（池邊祐子「実例労働審判（第116回）中途採用者の試用期
間延長後の本採用拒否」中央労働時報1267号（2020）50〜51頁）．

［2］「休職期間中の賃金請求」（賃金請求事件）

［事案の概要］ 相手方であるタクシー会社の乗務員である申立人（65歳）は，受
診しなければならない健康診断を複数回失念するとともに，運転目的地への経路
を誤るといった苦情事案等を複数回起こしたことに加えて，直近の健康診断結果
が不良であったことから，相手方が，申立人の認知機能に問題があるのではない
かとの疑いを持つに至り，申立人に対して，まずは脳神経科の精密検査を受けて
タクシー乗務に支障がない健康状態にあるとの専門医の診断書を提出するように
命じて，乗務禁止命令を出した．しかし，申立人は，相手方の再三に亘る督促に
も関わらず，医師に大丈夫と言われたと主張するのみで診断書を提出しなかった
ので，相手方は，乗務禁止後の欠勤は業務外の疾病による欠勤であるとして，所
定の欠勤期間が3カ月以上経過したことから，就業規則に基づく休職命令を発令
し，復職を申し出るときは復職が可能である旨の医師の診断書を提出するように
指示した．申立人が医師の診断書を提出しなかったことから，相手方は，就業規
則に基づいて休職期間が満了したことにより申立人を退職扱いとしたところ，申
立人が，乗務禁止命令及び休職命令は無効であるとして，乗務禁止及び休職期間
中の賃金（9カ月分の約200万円）の支払いを求めて労働審判を申し立てたもの
である．

［審理の経過］ 第1回審判期日において，まず事実確認が行われた．申立人から，
診断書を取得しなかった理由として，相手方の所長に「診断書を提出しても乗務
させない」と言われたため，取得しても事態が好転するとは思えず料金を払って

まで取得しようとは思わなかったとの説明が行われたが，相手方はこれを否認した．それ以外の事実関係に概ね争いはなかった．労働審判委員会は，紛争の1回的解決という観点から，申立人の退職を前提とした金銭解決での調停を試みたいとの考えを示して，各当事者との調整を行った．相手方に対して，申立人が就業不能な傷病であることについて診断書等の医学的に客観的な証拠がないことから，本訴になった場合には，この点に関する立証が不十分であるとして乗務禁止命令及び休職命令の前提を欠くと解される余地もあるとの見解を示した上で，今後の応訴の負担等も考慮して，50〜60万円の解決金の支払いを検討するように要請した．これに対し，相手方は，その金額での調停案の受諾は難しい旨を表明し，次回期日までに許容額を検討することとなった．申立人の希望額は120万円であった．第2回審判期日では，相手方は，解決金20万円であれば受諾する意向である旨を表明し，調停内容の調整が行われることになった．しかし，申立人は50万円から譲歩せず，相手方も20万円から譲歩の姿勢を見せなかったことから，労働審判委員会は，さらなる調停を断念し，同期日において，相手方が申立人に対して解決金35万円を支払い，申立人の退職を確認するという内容を主とする労働審判をした．その後，双方から異議申立がなされず，労働審判は確定した（西芳宏「実例労働審判（第108回）休職期間中の賃金請求」中央労働時報1257号（2020）52〜53頁）．

5　労働審判から民事通常訴訟への移行

　民事通常訴訟に移行すると，労働審判手続の申立書は訴状とみなされることになるが，労働審判手続を経ていることから，その経過を加味して審理に役立てるために，裁判所は，通常，「訴状にかわる準備書面」の提出を求めている．労働審判手続で出された答弁書等の主張書面や証拠等は民事通常訴訟に引き継がれず，当事者は，改めて提出，陳述することが求められる（森井利和『実務に活かす労働審判』（労働調査会，2012）40頁）．また，原告は訴え提起の手数料（労働審判申立時に納付の手数料を控除した額）を裁判所に納付することになる．

　労働審判手続から移行した後の民事通常訴訟では，「訴状に代わる準備書面」の活用等により，労働審判手続における争点整理や主張立証等の経過が反映されると，いきなり民事通常訴訟からスタートした事案に比べて，判決に至る期間が短縮されることが多いということが報告されている.

6　労働審判制度の課題（アクセス困難の改善）

1）　裁判所における窓口相談の充実や管轄裁判所の拡大

　地方裁判所における運用面でのアクセス困難の改善は，徐々にではあるが進んでいると評価することができる. 地方裁判所のHPにおいて，申立てに必要な書類に関する情報や，事件内容に応じた申立書や答弁書の書式が，入手できるようになっている. また，最高裁判所のHPでは，「よくわかる！労働審判手続」と題する飲食店従業員の解雇事件を扱った労働審判手続を12分19秒にまとめた動画を視聴することができるようになっており，手続の概要が容易に理解できるようになっている. それでも，労使紛争当事者のみで，抱えた労使紛争が労働審判による解決に適したものか否かなどの判断や申立書の調整等が困難なこともあり，地方裁判所における窓口相談のより一層の充実や，地域の労働相談窓口とのより密接な連携を図ることが期待される（毛塚勝利「労働審判制度創設の意義と課題」ジュリスト1275号（2004）61頁）.

　労働審判委員会が設置されているのは，当初は，全国に50カ所ある地方裁判所の本庁のみであったが，東京地裁の立川支部と静岡地裁の浜松支部，長野地裁の松本支部，広島地裁の福山支部，福岡地裁の小倉支部の5つの支部にも拡大された. しかし，都市部から離れた地域の当事者にとっては，必ずしもアクセスの良くないものであり，もう少し多くの支部に拡大する必要がある.

2）　弁護士代理の準強制の解除

　労働審判制度では，労使の権利義務関係を踏まえながらも迅速処理を実

現する必要があることから，原則，代理人を付けることを求め，しかも，代理人を，原則，弁護士に限定する運用となっている．弁護士ではない者を代理人として許可しうる許可代理制度も労働審判法４条１項但書で定められているが，制度運用開始当初において，労働組合役員や人事・総務担当者が認められた稀有な例があるだけである（森井利和『実務に活かす労働審判』14頁）．

　実際のところ，2006（平成18）年から2017（平成29）年までの既済事件において，申立人に代理人弁護士が付いていたのが84.8％，申立人と相手方の双方に代理人弁護士が付いていたのが74.0％，申立人と相手方の双方に代理人弁護士が付いていなかったのが4.6％となっている．双方に代理人弁護士が付いているときの調停成立率が，75.5％と非常に高いものとなっており（最高裁判所事務総局行政局2018年11月８日開催全国労働委員会連絡協議会公益委員連絡会議提出資料「適正迅速な労働紛争解決に向けて～司法の視点から～」11頁），これは，労働審判手続における代理人の重要性を物語る数字ともみることができるものの，弁護士の代理人を付けることを求める結果，とくに労働者が労働審判を利用することが非常に困難になっているという現実があると考えられる．

　近年，弁護士人口は飛躍的に増加したが，一般の労働者のみならず中小零細事業主にとっても，弁護士は身近な存在ではなく，労使紛争が顕在化しても容易にアクセスできる状況にはない．とくに労働者にとっては，弁護士への着手金の用意が，労働審判制度を利用する際の大きなハードルとなる．

　東京大学の社会科学研究所が行った労働審判制度の利用者に対する調査でも，弁護士費用が高いという意見が，労働者側からだけではなく，使用者側からも，大きな割合で出ている（菅野和夫・仁田道夫・佐藤岩夫・水町勇一郎編著（佐藤岩夫）『労働審判制度の利用者調査──実証分析と提言──』（有斐閣，2013）36頁）．この調査に関わった東京大学社会科学研究所の水町勇一郎教授も，この点を「課題」と指摘している（水町勇一郎『労働法入門新版』（岩波

書店，2019）228頁）．2012（平成24）年 5 月に行われた「労働審判制度の実態
と課題」と題する日本労働法学会のシンポジウムにおいては，紛争価額が
低い事件で弁護士が代理人をすると，労働審判手続が奏功して解決金を得
ても，弁護士費用が高くついて，労働者の手にお金がほとんど残らないケー
スがあることが指摘された．

　運用開始からすでに15年以上が経過し，制度がすでに軌道に乗り，労使
関係者にも周知が進んだとみることができるので，まずは，弁護士による
代理を原則とする運用を改め，労働組合や経営者団体の役員，特定社会保
険労務士，労働法専門家等による代理行為や補佐行為を認めることや，労
働審判法 4 条 1 項但書に基づく許可代理制度の柔軟な運用を検討し，申立
人の大半を占める労働者にとっても簡便に利用できる制度に改善する必要
がある（浜村彰「個別労働紛争処理システムの現状と検討課題」労働法律旬報1924号
（2018） 5 頁は，「補佐人の活用など本人申立てに対する支援制度を整えるとともに，
労働審判法 4 条 1 項但書の許可制度を活用して弁護士以外の社会保険労務士や労働組
合の活動家などの代理人を柔軟に認めるべきであろう」と述べる）．

3）　特定社会保険労務士の労働審判手続への直接的関与の合理性

　現状では，労働関係法規に詳しい唯一の国家資格者である社会保険労務
士が，紛争解決手続代理業務にかかる研修を受けた上で特別の試験に合格
し，個別的労使紛争処理手続対応能力を担保され，その旨の付記を受けた
「特定社会保険労務士」が，労働審判手続に直接的に関わる制度にするこ
とが，最も合理的であると考えられる．

　労働関係法規は非常に難解なものとなっており（稲葉康生「『読んでわかる
労働法』に変えよう」労務ダイジェスト2013年 4 月号 1 頁），また，頻繁に改正され，
新たな法律も生み出され，流動化している状況にある．労働関係法規を熟
知しなければならない使用者も，とくに中小零細事業主においては，流動
化する労働関係法規をすべて完全にフォローすることは，至難の技といえ
る状況にある．

　使用者側としては，労働者の採用から退職までの日常的な労務管理を，労働関係法規に関する専門家である社会保険労務士に委ねることが得策であり，合理的な対応となる（労働審判の場に代理人として出てくる弁護士のなかにも，「労働問題というものを分かっていない人」がいるとの指摘もある．「座談会現場から見た労働審判の10年」ジュリスト1480号（2015）55頁）．日常的な労務管理を社会保険労務士に委ねているところで，不幸にして労使紛争が顕在化したときには，現場を良く知る社会保険労務士が直接関与して，使用者とともに対応するというのが，当然の，合理的な帰結となる．

　労働者が労使紛争に直面したときにも，大きな負担となる弁護士費用を考慮すると，特定社会保険労務士に代理行為や補佐行為を依頼するほうが，より合理的なものとなる．

　労働審判制度に社会保険労務士が直接関わることにより，労働法の趣旨に則った解決に近づきやすくなり，それは労使双方にとってのみならず，労働法の実効性の確保という面からも，非常に望ましいことになる．

　労働審判制度は，裁判所で行われるが，最終的には当事者の任意の意思で和解に至るADRであり，手続の中で行われていることは，他のADRにおけるあっせんや調停と，決定的な違いはない．特定社会保険労務士は，行政型ADRにおけるあっせんや調停では紛争目的価額の多寡に関わりなく単独の代理行為が認められ，また，社労士会労働紛争解決センターなどのような民間型ADRにおいても，紛争目的価額が120万円までの事件で，単独での代理行為が認められており，その対応実績を積み重ねている．

　加えて，労使紛争処理制度を運営する人材として重要な役割を担っている社会保険労務士が増加してきており，紛争調整委員会の委員や都道府県労働委員会の公益委員，裁判所の諸制度における民事・家事調停委員や司法委員，都道府県市町村等の窓口の労働相談員等の他，労働審判員として活躍する社会保険労務士の存在も少なからず確認されている（拙稿「日本の労使紛争処理制度における社会保険労務士の存在意義」松山大学総合研究所所報106号（2019）34〜38頁）．

2015（平成27）年4月1日施行の社会保険労務士法第8次改正により，社会保険労務士は，民事訴訟や行政訴訟等，裁判所における労使紛争処理手続において，訴訟代理人の弁護士と同行するときには，裁判所の許可を得ることなく，補佐人として直接参加することが可能となった．しかし，労働審判手続は非訟事件であり，補佐人として務めることができるのは訴訟手続に限られるとの解釈から，労働審判手続において，社会保険労務士が弁護士に同行する補佐人としても，直接的に関与することができない扱いがなされており，紛争当事者の利便性を無視した運用が行われている（拙稿「日本における労使紛争処理制度の展開と社会保険労務士法の改正」松山大学論集30巻5-1号（2018）405頁）．

　行政型ないしは民間型ADRから労働審判手続に至ることが多く想定されることからするならば，まずは特定社会保険労務士に関しては，補佐人として直接参加することが認められる必要がある．さらに積極的に考えるならば，特定社会保険労務士に関しては，「単独の補佐行為」のような形で労働審判の場に直接臨むことを認めることを検討する時期に来ていると思われる（拙著『入門個別的労使紛争処理制度——社労士法第8次改正を踏まえて——』67頁）．このことが実現すると，当事者は，弁護士費用という大きな負担をすることなく，代理行為を委ねていた特定社会保険労務士とともにスムーズに労働審判手続に進むことができることになり，個別的労使紛争処理システムにおける労働審判制度の社会的意義もなお一層高まることになる．

　また，とくに労働者の側に特定社会保険労務士が付いて行政型や民間型ADRで処理が行われ，そこで解決しないときには労働審判手続に持っていかれるということが一般化すると，行政型や民間型のADRの段階で解決する率も高まるという，さらなる効果も合理的に期待できることから，日本における個別的労使紛争処理制度全体を活性化し，労働法の実効性を大いに高めることにも繋がるものと考えられる．

第3節　地方裁判所における民事通常訴訟による
　　　個別的労使紛争処理

1　個別的労使紛争処理における民事通常訴訟の意義

　労働関係民事紛争に関して，最終的解決を強制的に導いてくれる唯一の制度が民事通常訴訟である．労働関係民事通常訴訟には，ごく少数の集団的労使紛争も含まれるが，その大部分は個別的労使紛争である（山川隆一「労働紛争解決システムの新展開と紛争解決のあり方」季刊労働法205号（2004）7頁）．そのため，労働関係民事通常訴訟は，日本における個別的労使紛争処理制度の要になっているとともに，その処理状況は，日本の個別的労使紛争の発生状況を確認するための具体的指標として最も重要なものとなっている．

　日本でも，ドイツの労働裁判所のように労働事件を特別に扱う裁判所や労働事件処理に適した訴訟制度の必要性は高いが，訴訟手続の運用面での改革が進んでいるのみであり，労働関係民事紛争も，通常の民事訴訟と同様の手続で処理されており，その手続を規律する基本法は民事訴訟法である．

　なお，東京や大阪には労働事件以外の事件を扱わず専ら労働事件を扱う労働事件専門部，横浜やさいたま，京都，神戸，名古屋，広島には労働事件以外の事件をも扱うものの当該裁判所に提起された労働事件はすべて扱うものとされている労働事件集中部があり，そのような専門部や集中部のある裁判所と，そうでない裁判所では，裁判官の労働事件処理の経験にばらつきがあり，裁判官の労働事件に関する専門性について疑問を呈する見解も見られていた（毛塚勝利「労働法学のラウンドテーブルを拡げたい」日本労働法学会学会通信16号（2003）1頁及び西谷敏「日本における労働紛争解決システム」『法の実現と手続』（新山社出版，1993）274頁等）．しかし，労働審判制度が開始されたことにより，地方裁判所の裁判官が労働関係事件を担当する機会も増えていることから経験が深まるとともに，労働審判手続においては，労使

としての豊富な知識経験を有する労働審判員が加わることで，労働審判官を務める裁判官の労働関係事件に対する専門性が高まることも期待できる体制となっている（拙著『入門個別的労使紛争処理制度——社労士法第 8 次改正を踏まえて——』34頁）．

　労働関係民事通常訴訟の処理件数は，民事訴訟全体からみると僅かな部分を占めるに過ぎないが，その多寡はともかく，迅速かつ公正な判断を示すことにより，労働関係をめぐる民事紛争に最終的な決着を付けるとともに，労使の現場に新たに生起する法的問題に決着をつける判例法理を形成するという，重要な使命を担っている（拙稿「日本の個別的労使紛争処理制度の現状」松山大学総合研究所所報87号（2015）19頁）．

　労働関係民事紛争に関しては，以上で述べた紛争当事者の権利・義務の存否を最終的に決定する民事通常訴訟（本案訴訟）のほかに，迅速な処理を期待して民事保全法に基づく「仮処分」命令申立手続も多く利用されてきたが，労働審判制度の登場により相対的に重要性が低下し，最高裁も，2014（平成26）年以降の処理状況を明らかにしないようになっている（菅野和夫『労働法〔第12版〕』（弘文堂，2019）1173頁）．

2　地方裁判所における労働関係民事通常訴訟の新受件数，事件類型
1）　労働関係民事通常訴訟の新受件数

　地方裁判所における労働関係民事通常訴訟の新受件数は，1992（平成 4）年までは年間1000件にも満たないものであったが，近年は増加傾向となり，2000（平成12）年からは2000件台で推移するようになった．

　労働審判制度が2006（平成18）年 4 月 1 日に運用を開始してからは，現在では3000件を超える新受件数を誇る労働審判制度による労使紛争掘り起こし効果もあり，2009（平成21）年以降，3000件台で推移しており，2021（令和 2）年は3960件と，これまでで最も多い件数となっている（最高裁判所事務総局行政局「令和 2 年度労働関係民事・行政事件の概況」51頁）．

2） 労働関係民事通常訴訟の事件類型

延べ件数で7048件となった新受事件を事件類型別で見ると，「賃金等（賃金，諸手当，退職金等）の支払を求める事件」が3818件（54.2％）と過半数を超え，「損害賠償を求める事件」が1550件（22.0％），「雇用契約の存否を争い従業員としての地位の存在又は不存在の確認を求める事件」が1053件（14.9％），「その他の事項（配転先での就労義務の不存在，懲戒処分の無効等）の確認を求める事件」が315件（4.5％）等となっている（最高裁判所事務総局行政局「令和2年度労働関係民事・行政事件の概況」60頁）．

3　地方裁判所における労働関係民事通常訴訟の処理状況

1） 労働関係民事通常訴訟の終局事由

2020（令和2）年中に既済した2973件の終局事由ごとの処理状況は，判決が704件で，全体の23.7％と僅か4分の1程度である．判決のうち，請求を一部でも認容するものは445件と判決中の63.2％となっている．結局のところ，原告が民事訴訟で求める本来の目的である「原告勝訴判決」に至る割合は，提訴された事件全体の14.6％に過ぎない（最高裁判所事務総局行政局「令和2年度労働関係民事・行政事件の概況」60頁）．

民事訴訟全体でみた場合の勝訴判決の割合は86.7％という高い数字であるのに対し（最高裁判所事務総局民事局「令和2年民事事件の概況」102頁），労働関係民事通常訴訟では63.2％と低く，全判決中5件に2件程度はまったく空振りで，請求棄却ないしは訴え却下の判決で終わっている．数字で見ると，労働関係民事通常訴訟は，勝訴に持っていくのが通常の民事事件よりも，明らかに難しい事件類型であるということができる．また，最近では，およそ法的に通らないような過大な割増賃金請求や，判例の傾向に照らして当然有効と判断されるような解雇の案件でも，労働審判や民事訴訟を仕掛けてくる弁護士も出てきているとの指摘があり（横山直樹「対談労働者側弁護士×使用者側弁護士が語る労働紛争における和解選択・交渉の着眼点」ビジネス法務2018年10月号41頁），このような動向は，労働関係民事通常訴訟における

勝訴判決の割合をさらに低下させる要因にもなると考えられる.

　労働関係民事通常訴訟では, 和解で終了した事件が60.7％も占めており (最高裁判所事務総局行政局「令和 2 年度労働関係民事・行政事件の概況」60頁), 民事訴訟全体での和解による終了は35.3％である (最高裁判所事務総局民事局「令和 2 年民事事件の概況」102頁) ことからして, 和解で終了する事件の割合の高さも, 顕著な特徴であるということができる.

2) 労働関係民事通常訴訟の平均審理期間

　平均審理期間は, 民事訴訟全体では9.9カ月である (最高裁判所事務総局民事局「令和 2 年民事事件の概況」104頁) のに対し, 労働関係民事通常訴訟では15.9カ月となっており (最高裁判所事務総局行政局「令和 2 年度労働関係民事・行政事件の概況」61頁), この平均審理期間の長さも, 労働関係民事通常訴訟の顕著な特徴と言える. 近年, 民事訴訟法の改正や手続運用の改善等により, 長期的には短期化傾向にあるが, この数年は長期化する傾向にあり 1 年を超える手続になっている. 和解ができず判決に至った労働事件においては, その上訴率も50％ (民事訴訟全体では20％程度) と高く, 和解できない事案は「とことん争う」傾向があることが指摘されており (房村精一「労働委員会と裁判所手続きの相違と判断」月刊労委労協2015年 4 月号17頁), 最終決着への道のりがさらに遠のくことになる. その結果, 例えば解雇事件において解雇無効ということになると, バックペイ (賃金の遡及支払) の額も大きくなるというマイナス面が際立つことになる.

　最近の長期化傾向の要因は, 比較的短期に処理することができる事案が労働審判手続に流れ, 時間のかかる複雑困難な事案が相対的に多く民事訴訟に持ち込まれるようになっていることや, 事件数が高止まりの傾向にあることで裁判官の抱える事件が多くなり長期化に結び付いていることにあると推定される (拙著『入門個別的労使紛争処理制度——社労士法第 8 次改正を踏まえて——』45頁).

　複雑困難な事案の具体例としては, 解雇事案で地位確認や賃金支払に加

えて退職強要やパワハラによる損害賠償を求めるものや，残業代請求事案，労働災害の可能性もあるメンタル不調の労働者の解雇・辞職・復職事案等が指摘されている（吉田徹判事発言「座談会最近の労働紛争解決の諸問題」法の支配179号（2015）45頁）.

　労働事件専門部や労働事件集中部のある地方裁判所や，その管轄区域の弁護士会においては，労働事件処理の迅速化を進めるための努力が行われている．東京地裁では，厳格な訴訟指揮を行い，その平均審理期間は概ね9カ月程度となっている（徳住堅治「個別労使紛争解決——労働契約法・個別労働紛争解決促進法——」月刊労委労協2015年7月号29頁）.大阪では，大阪地裁労働専門部と大阪弁護士会労働問題特別委員会が協同で作成したチェックリストが活用され，割増賃金請求事件に関する訴状等の作成の際の検討漏れや記載漏れの解消に役立てて，初動重視型審理を実現し，適正迅速な事件処理に繋げている．京都では，京都地裁労働集中部の裁判官と京都弁護士会の有志が共同で制作した残業代計算ソフトが割増賃金請求事件で活用され，原告・被告及び裁判所が同じファイルで入力可能となり，原告と被告の主張の対比を可能として，適正迅速な事件処理に繋げている（最高裁判所事務総局行政局2018年11月8日開催全国労働委員会連絡協議会公益委員連絡会議提出資料「適正迅速な労働紛争解決に向けて～司法の視点から～」7～8頁）.

4　労働関係民事通常訴訟の特徴とADRの存在意義

　地方裁判所における労働関係民事通常訴訟による処理の特徴を再確認すると，第一に指摘すべきなのは，2020（令和2）年でも15.9カ月（民事通常訴訟全体では9.9カ月）となっている平均審理期間の長さである．次に，和解で終了する事件が60.7％（同35.3％）と高い割合を占めているということである．そして，判決に占める原告勝訴（一部勝訴も含む）判決が63.2％（同86.7％）と低いということも，とくに原告が留意すべき特徴ということになる.

　さらには，労働事件に特有のものではないが，民事訴訟手続の利用には

都道府県労働局等のような行政型ADRとは異なり，訴えの際に大きな額ではないが訴訟費用の負担があるということも，とくに原告が留意すべき特徴である．加えて，訴訟手続が面倒なことと，労働法解釈の専門性が高いことから，労使いずれの側においても，弁護士に代理行為を依頼し相手方と戦うことが得策ということになるが，その場合，弁護士へのアクセス困難という第1の障壁があり，この障壁を克服したとしても，弁護士費用が非常に高く大きな負担となり，紛争価額の小さい事件では費用倒れの心配も出てくることになる（弁護士を代理人として労働者が民事訴訟をするときの費用の具体例については，拙著『入門個別的労使紛争処理制度——社労士法第8次改正を踏まえて——』48～49頁）．弁護士に依頼することなく，本人訴訟でやれば費用の負担は軽く済むが，とくに相手方が弁護士を立てたときには法律の専門家を相手に法廷で争うことになり心理的負担も増し，本来勝てる事件でも負ける危険性が生じることもある．

　以上のような労働関係民事通常訴訟の特徴が，あっせんや調停による解決というADRの存在意義を際立たせているということができよう．迅速性の面のみならず，経済的側面においても，民事通常訴訟は労働関係民事紛争を解決するための合理的なものとは到底言えない状況にある．民事訴訟や労働審判手続において多くの労働事件に関わった元裁判官の弁護士は，訴訟は「時間と費用がかかり，コストパフォーマンスが悪い」という評価をしている（「2016年4月25日第6回透明かつ公正な労働紛争解決システム等の在り方に関する検討会議事録」（参考人：難波孝一），厚生労働省HP）．

　また，労働関係民事通常訴訟の6割以上が和解で終了しているという事実は，労働関係民事紛争は「判定」で白黒決着しなければならない事件ばかりではないということの証拠ということができる．そして原告勝訴判決の割合が低いことからすると，当事者が自分の法的立場を理解しながら進められる手続が行われるものであるならば，ADRの場での解決のほうが，より合理的な選択といえるであろう．

5　労働関係民事通常訴訟における社会保険労務士の直接的関与

　2015（平成27）年4月1日施行の社会保険労務士法第8次改正により，すべての社会保険労務士は，「事業における労務管理その他の労働に関する事項及び労働社会保険諸法令に基づく社会保険に関する事項」に関する労使紛争に関しては，民事訴訟や行政訴訟等の裁判所の手続において，当事者が求めれば，訴訟代理人の弁護士と同行することを条件として，裁判所の許可を得ることなく，補佐人として直接手続に参加し，陳述することが可能となっている（社労士法2条の2）．

　民事訴訟法に基づく補佐人制度（民訴訟60条）とは異なり裁判所の許可は不要とされ，補佐人としての活用は労使紛争当事者の権利とされていること，及び訴訟代理人の弁護士と同行することが条件とされていることにより法的専門性の担保もあることから，補佐人となり得るのは特定社会保険労務士に限定されていないことに留意する必要がある．

　この社会保険労務士法第8次改正により，現場に一番近い所で労働関係法規に適った労務管理の実現をサポートすることをその業務とする唯一の国家資格者である社会保険労務士は，労使紛争が裁判所の手続に乗せられたときには，現場における実際の労務管理を的確に把握して，それを踏まえて有機的，直接的に手続に関わることができるようになった．

　中小零細企業では，労使紛争が生じたときにだけ，一時的に弁護士を活用することになるのが通常である．そのような場合には，紛争当事者と代理人弁護士の意思疎通を図る役割を社会保険労務士に期待できるようになった（弁護士と関わる人との間のコーディネートの役割の重要性を論じたものに，浅田恭子・加地修・仁木恒夫『リーガルコーディネーター仕事と理念』（信山社，2005年）がある）．

　顧問の社会保険労務士がいるところで生じた労使紛争が裁判所の手続に持ち込まれた場合には，現場の労務管理の状況が，労働法的視点も踏まえて，社会保険労務士から，代理人となる弁護士に正確に伝えられることになり，弁護士の代理業務にまつわる準備作業も，より短時間で，より効果

的なものとなることが大いに見込まれることになり，当事者の弁護士費用を軽減する効果も期待することができるようになった．

　さらには，労使紛争を契機に，社会保険労務士が，弁護士の知見をも引き出して，より高いレベルの労務管理を実現させることも可能となった．

　全国社会保険労務士会連合会が社会保険労務士の労使紛争処理制度への関与の実態を確認するために，すべての社会保険労務士を対象に調査が2回実施された．それによると，裁判所における補佐人業務については，2017年6月から7月にかけて行われた第1回調査（回答件数4113件）では，社会保険労務士法第8次改正の初年度の2015年度は28件，2016年度は44件の補佐人業務が行われ，依頼者は，使用者が75.8％，労働者が24.2％であった．補佐人業務に関して顧問先等から相談を受けたことが「ある」と回答したものも173人にも上っていた（「『補佐人業務及び紛争解決手続代理業務に関する実績調査』集計結果について」月刊社労士2018年4月号9～10頁）．また，2018年12月から2019年1月にかけて行われた第2回調査（回答件数236件）では，2017年度は18件の補佐人業務が行われ，依頼者は，使用者が92.3％，労働者が7.7％であった（「補佐人業務及び紛争解決手続代理業務に関する実績調査の集計結果について」月刊社労士2019年4月号8～9頁）．第2回調査では回答件数が少なく，社会保険労務士による補佐人業務の実態を正確に反映していないものと推測することができるが，社会保険労務士法第8次改正による補佐人業務の周知が徐々に進んでいる状況があると考えられる．

第Ⅲ部　集団的労使紛争処理の現状

第6章　労 働 組 合
——団体交渉(憲法28条)による労使紛争の解決

第1節　個別的労使紛争から集団的労使紛争へ

1　労働組合への加入により個別的労使紛争から集団的労使紛争へと展開

　使用者側の対応に対して不平・不満を持った労働者が，労使間の直接交渉に行かず，あるいは直接交渉に臨んだが解決に至らなかった場合，自分の会社の労働組合に助けを求めることがある．自分の会社の労働組合が積極的に支援をしてくれないときや，自分の会社に労働組合がないときには，地域のユニオン（合同労組）に駆け込むこともある．

　労働相談やあっせんを活発に行っている東京都の労働相談情報センターや大阪府の労働センター，福岡県の労働者支援事務所のような都道府県の労政主管事務所においては，地域の労働組合のリストを保有し，労働組合の情報を，積極的に労働者に提供しているところも多い．ユニオン（合同労組）自体も，だいたいは，独自の労働相談の窓口を持っており，HPなどを活用して労働者を相談窓口に誘導している．

　労働組合は，組合員が，使用者側との紛争（トラブル）を抱えている場合，使用者側に，団体交渉の申し入れを行い，団体交渉により労使紛争を解決するように努めることになる．これにより，個別的労使紛争は集団的労使紛争へと展開する．

2　ユニオン（合同労組）による個別的労使紛争への関与の活発化
　労働組合の組織率が長期的に低下しつつある現状において，労働者が解

雇や賃金不払等の個別的労使紛争に直面したときに，地域のユニオン（合同労組）の労働相談から組合加入に至り，団体交渉や労使紛争処理機関への関与により解決を導くという形での，ユニオン（合同労組）による積極的な労使紛争解決への関与が，近年，非常に注目され，労働相談や労使紛争の解決が，ユニオン（合同労組）の最も重視されている活動の一つとなっている（呉学殊『労使関係のフロンティア——労働組合の羅針盤——【増補版】』（労働政策研究・研修機構，2012）348頁）．

第2節　憲法28条による労働三権の保障

1　憲法28条の意義

日本では，憲法28条により，「勤労者の団結する権利及び団体交渉，その他の団体行動をする権利は，これを保障する」と規定され，「労働三権」と呼ばれる団結権，団体交渉権，団体行動権が，基本的人権として，憲法上の保障の下にあることが，労使紛争の処理の場面において労働組合が重要な役割を演じる際にも，大きな支えとなっている．

とくにユニオン（合同労組）は，憲法28条による団体交渉権の保障を最大限活用しようとする．労働者に団体交渉権が保障されていることについて，正しい理解をしていない使用者も少なくない．また，また使用者の命を受けて対応する弁護士の中にも，団体交渉への対応の仕方を正確に理解していない先生も散見される．

2　団　結　権
1）　団結権の意義

団結権は，労働者が，その経済的地位の向上を図るために，労働者の団体である労働組合を組織し，それを運営する権利である．

労働者が，労働条件の維持・改善及び社会的地位の向上を図るために，自主的に組織する団体であれば，労働組合として，団体交渉権や団体行動

権が認められることになる.

2）　労働組合の組織形態

日本では，労働組合の組織形態や組織範囲，組織構成に，法的な制約は
ない（労働組合の組織については，市毛景吉編著（市毛景吉）『労使関係教材』（東京
教学社，1999）19～20頁）．2人以上の労働者が集まり団結体となれば，使用
者の承認，公的機関の許可や届出，登録等を要することなく，自由に，労
働組合を組織することができる.

日本では，個々の企業別に，その企業に雇用されている労働者だけで組
織される企業別組合が労働組合の主要な組織形態となっており，その加入
資格を正社員に限定し，パートタイム労働者や臨時社員，契約社員等の組
合加入を認めないところが大勢を占めている.

雇用形態の多様化が進むことにより，正社員の割合が減少し，労働組合
に加入できない労働者が増加する傾向に対応するように，地域・地区別ま
たは業種別に，企業とは関係なく結成されるユニオン（合同労組）の活動
も活発化している（鴨田哲郎『ユニオンへの加入・結成と活用』（旬報社，2009）
14頁）.

ユニオン（合同労組）は，中小零細企業の労働者が労働組合を結成する
ことが困難であるということから生み出された組織形態であるといわれて
おり，個人加入が原則となっているが，企業別組合等と同様，労働組合と
して，団体交渉権や団体行動権が認められる.

3　団体交渉権
1）　団体交渉権の意義

団体交渉権は，労働組合に組織された労働者が，その代表を通じて使用
者と労働条件や労使関係のルール等について交渉する権利である.

労働者が，労働組合の結成により団結するのは，団体交渉により労働条
件の維持・改善を図るところにその主眼がある．労働組合が，使用者に経

済的圧力を加えるために，ときにはストライキなどの争議行為に打って出るのも，団体交渉を自らに有利に導くためである．

　団体交渉による合意は，労働協約として文書化され，組合員の労働条件や，使用者と労働組合との関係を定める最も重要なルール（自治規範）となる．

2)　団体交渉の対象事項

　団体交渉権の保障により，組合員の労働条件の維持改善その他経済的地位の向上に関連する事項で，使用者が処分する権限を有する「義務的交渉事項」について，労働組合が求めた団体交渉には，使用者は応じる義務がある．

　「義務的交渉事項」の中心となるのが組合員の「賃金」や「労働時間」などの労働条件である．「配転」や「解雇」などの人事に関する基準も当然に対象となり，その手続や具体的な人事権の行使，長時間労働のような労務管理も，組合員がその適用を受ける場合には対象事項になる（日本鋼管鶴見製作所事件・東京高判昭57・10・7労働判例406号69頁）．

　地域のユニオン（合同労組）が，紛争を抱えた労働者の加入を受けて，使用者に対して団体交渉を行い，解決に至るという形で大いに活躍することになる対象事項は，「配転」や「解雇」などの具体的な人事権の行使や労務管理である（呉学殊『労使関係のフロンティア——労働組合の羅針盤——【増補版】』295頁）．

　従業員が1名でもユニオン（合同労組）に加入すると，団体交渉に応じる義務が生じるので，いかなる使用者も，とくに団体交渉への初動対応を誤ることのないように，憲法により団体交渉権が保障されていることの法的意味を十分に理解しておく必要がある．

3)　団体交渉における使用者の誠実交渉義務

　団体交渉は，労使の代表者による合意形成のための対等な話し合いであ

り，労使間では利害が対立することを当然の前提としながらも，それぞれの主張に固執することなく，合意を目指して誠実に話し合うことに意義がある．

　この団体交渉の意義を踏まえて，憲法28条が団体交渉権を労働者に保障している日本では，使用者に「誠実交渉義務」が課せられていると解されている．誠実交渉義務が果たされなかった場合には，団体交渉拒否の不当労働行為（労組法7条2号）と判断されることになる．

　カール・ツアイス事件の東京地裁判決（東京地判平元・9・22労働判例548号64頁）は，使用者の「誠実交渉義務」について，合意を求める労働組合の努力に対し，「使用者は，自己の主張を相手方が理解し，納得することを目指して，誠意をもって団体交渉に当たらなければならず，労働組合の要求や主張に対する回答や自己の主張の根拠を具体的に説明したり，必要な資料を提示するなどし，また，結局において労働組合の要求に対し譲歩することができないとしても，その論拠を示して反論するなどの努力をすべき義務があるのであって，合意を求める労働組合の努力に対しては，右のような誠実な対応を通じて合意達成の可能性を模索する義務がある」と表現する（カール・ツアイス事件判決について詳しくは，木南直之「誠実交渉義務——カール・ツアイス事件——」『労働判例百選［第8版］』224～225頁）．

　誠実交渉義務は，文字通り，使用者が労働組合と誠実に交渉する義務に止まるものであり，合意する義務や譲歩する義務が課せられているものではない．しかし，対等に話し合うという意識のない使用者は，容易に，誠実交渉義務違反と評価される行為を犯すことになる．

　典型的なものとしては，形式的に労働組合と対面しても，交渉担当者として相応しい程度の管理，決定権限を持たない者のみが出席していたり，合意する意思はないと表明するなど，合意する意思のない態度を初めから明確に示して交渉するものや，組合の要求に対し，単に拒絶するだけで，その根拠となる資料を提示したり，受け入れ可能な対案を示すこともないような対応（シムラ事件・東京地判平9・3・27労働判例720号85頁など）が挙げ

られる.

　なお, 使用者が, 団体交渉を弁護士などの第三者に委任することも可能と解されている. しかし, 団体交渉は, 労働組合から直接要求を受け, その実現可能性について直接検討し, 使用者の立場を, 資料や具体的根拠に基づいて直接説明する場であり, 使用者側の団体交渉に応じる立場は, 代理行為に馴染まない性質のものである (拙著『労使関係法』(晃洋書房, 2015) 65頁). 使用者側の適切な担当者が出席せず, 弁護士などの企業外の第三者のみで対応することは, 誠実交渉義務違反と解すべきである (西谷敏『労働組合法〔第3版〕』(有斐閣, 2012) 296頁).

4)　団体交渉の打切り

　誠実交渉義務は, 労働組合に対する譲歩や合意という結果までをも強制するものではないので, 使用者が誠実交渉義務を尽くし, さらなる交渉の余地が無くなったと判断されるときには, 打ち切りを求めても, 誠実交渉義務に反するものではない (池田電器事件・最2小判平4・2・14労働判例614号6頁).

4　団体行動権
1)　団体行動権の意義

　団体行動権は, 団体交渉などを有利に導くために, 労働者が, ストライキなどを行うことにより使用者に経済的圧力を加える争議行為をする権利と, 組合活動をする権利を意味する.

2)　争議行為の意義と態様

　争議行為は, 労働関係調整法7条の規定を手掛りに, 「労働関係の当事者が, その主張を貫徹することを目的として行う行為及びこれに対抗する行為であって, 業務の正常な運営を阻害するもの」と定義することができる (市毛景吉編著 (拙稿)『労働法教材』(東京教学社, 2000) 119頁).

　争議行為は，様々な態様で行われる．労働者が集団的に労務提供を拒否する「ストライキ（同盟罷業）」や，労働者が就労しながらも，意識的に作業能率を低下させる「怠業（サボタージュ）」，ストライキの際に，操業を阻止しストライキの実効性を確保するなどの目的のために，職場に滞留する「職場占拠」，ストライキなどを効果的にするために行われる補助的なものとして，スト破りの就労阻止やスト参加者の脱落阻止及び見張りなどを行う「ピケッティング」，使用者の生産，供給する商品や，サービスの購入を拒絶したり，これを拒絶するように組合員や第三者に働きかける「ボイコット」などが，その典型的なものである．

3） 使用者の争議対抗行為

　使用者が，争議行為に対抗して，職場占拠の労働者を事業場外に排除することや，部分ストや怠業の際に賃金支払義務を免れることを目的として（下井隆史『労使関係法』（有斐閣，1995）227頁），労働者を職場から集団的に締め出す「ロックアウト（作業所閉鎖）」を行うことがある．

　労使間における衡平の原則に照らし，労使間の勢力の均衡を回復するための対抗防衛手段として相当と認められる場合に限り，正当なものとして是認され，労働者に対する賃金支払義務を免れると解されている（丸島水門事件・最 3 小判昭50・ 4 ・25民集29巻 4 号481頁，安威川コンクリート工業事件・最 3 小判平18・ 4 ・18労働判例915号 6 頁）．

　使用者が，先制して行うものや攻撃的なものは認められず，ロックアウトに労働組合への報復や弱体化の意図が認定されれば，不当労働行為となる（大阪日日新聞社事件・中労委命令昭48・ 3 ・19不当労働行為事件命令集49-281頁など）．

4） 組合活動の意義

　組合活動は，労働組合の行為であって，団体交渉や争議行為以外のものを意味している．

　具体的には，日常の業務執行や大会等諸種の会議などの「組合の内部運営」や，ビラ貼りやビラ配布，リボン闘争，集会などの開催などの「組織・情宣活動」など，様々なものがある（企業内外の組合活動については，辻村昌昭「企業内・外の組合活動」日本労働法学会編『講座21世紀の労働法第8巻利益代表システムと団結権』（有斐閣，2000）130頁）．

5）　団体行動権の保障の法的意義

　団体行動権は，憲法28条の保障の下にあり，正当な団体行動については，刑事免責，民事免責及び不利益取扱いからの保護が認められる（菅野和夫『労働法〔第12版〕』（弘文堂，2019）956〜957頁）．

　争議行為や組合活動が，その態様によっては強要罪や威力業務妨害罪，住居侵入（不退去）罪などの犯罪構成要件に該当することがあるが，それが正当なものと認められるものについては，刑法35条に言う「法令又は正当な業務による行為」として，処罰されない（刑事免責，労組法1条2項）．

　争議行為や組合活動により使用者が損害を被ったときでも，それが正当なものと認められるものについては，労働組合や労働者は，その賠償責任を負わないものとされる（民事免責，労組法8条）．

　正当な争議行為や組合活動を行ったことを理由として，使用者が，労働者に対して行う解雇その他の不利益な取扱いは，私法上無効であり（民法90条），事実行為は不法行為（民法709条）となるとともに，不当労働行為として禁止されている不利益取扱い（労組法7条1号）となり，労働委員会制度による救済を受けることができる（不利益取扱いからの保護）．

第3節　労働組合による労働組合法や労働関係調整法を活用した労使紛争への対応

1　労働組合法

　憲法28条に基づく労働三権の保障を具体化した法律が，労働組合法であり，その第1条1項は，「この法律は，労働者が使用者との交渉において

対等の立場に立つことを促進することにより労働者の地位を向上させること，労働者がその労働条件について交渉するために自ら代表者を選出することその他の団体行動を行うために自主的に労働組合を組織し，団結することを擁護すること並びに使用者と労働者との関係を規制する労働協約を締結するための団体交渉をすること及びその手続を助成することを目的とする」と規定している．

　労働組合法は，憲法28条に基づく労働三権の保障の趣旨を蔑ろにする使用者の行為を不当労働行為として禁止し，その違反に関しては，労働委員会による救済制度を定めている．

　労働組合が，使用者と組合員間の労働条件を巡るトラブル等の「義務的交渉事項」について，団体交渉を求めたにもかかわらず，使用者が，正当な理由なく拒否するときや，誠実に団体交渉に応じないときには，不当労働行為として禁止されている団体交渉拒否となり（労組法7条2号），労働組合は，労働委員会に不当労働行為審査手続による救済を求めることができる．

2　労働関係調整法

　労働関係調整法は，労働委員会における集団的労使紛争の調整，解決のための手続を定めている．労働組合は，団体交渉に適切に対応するように使用者を促すために，労働関係調整法に基づく労働委員会による斡旋や調停等の調整手続を活用することもできる．

3　労働組合による労働委員会を活用した労使紛争への対応

　労働組合が，組合員の抱えた労使紛争（「義務的交渉事項」）について，使用者に団体交渉を求めたにもかかわらず，使用者が，正当な理由なく拒否するときや，誠実に団体交渉に応じないときには，不当労働行為として禁止されている団体交渉拒否となり（労組法7条2号），労働組合は，労働委員会に不当労働行為審査手続による救済を求めることができる．また，労

働組合は，労働委員会による斡旋や調停などの調整手続により，団体交渉に適切に対応するように使用者を促すことができる．

労働組合が，団体交渉を有利に導く目的で，使用者に経済的圧力を加えるために取り得る最強の手段は，ストライキなどの争議行為であるが，最近では，争議行為を行うことを全く想定していない労働組合も珍しくない．また，ユニオン（合同労組）においては，事業所における組合員が1名のことも稀ではなく，ストライキが圧力にならないこともある．このような労働組合の多くは，費用のかからない労働委員会の手続を有効に活用しようとする．

労働組合は，団体交渉に不慣れな使用者に対しては，まずは任意の調整手続である斡旋や調停を利用するのが通例ということになるが，不誠実な使用者に対しては，いきなり不当労働行為の申立てをして，使用者を強制的に手続に引きずり出し，労働委員会をも関与させて使用者に揺さぶりをかけて，団体交渉を有利に展開しようとすることもある．

経験の豊かなユニオン（合同労組）においては，まず朝一番に労働委員会において不当労働行為の申立を行い，その足で県庁の記者クラブに赴き記者会見を行い社会に対するアピールをして，使用者に圧力をかけることもある．地方の小規模の会社の使用者とすれば，かなりの衝撃を受けることになる．1人の従業員との紛争に誠実に対応しないことにより，いきなりユニオン（合同労組）が出てきて団体交渉を求められ，躊躇していたら不当労働行為審査手続を強いられることになる．斡旋手続であれば，比較的早く終結することもあるが，不当労働行為審査手続は，通例，短期間で終わることはない．

労働委員会における斡旋や調停手続が効を奏して，団体交渉が正常に行われることにより，労使紛争が終結することもある．斡旋や調停手続で歩み寄りがみられないときは，未解決のまま打ち切りとなり，労働組合の判断により，団体交渉拒否であるとして，不当労働行為の申し立てが行われ，不当労働行為審査手続に進むこともある．

　不当労働行為審査手続が非常に時間のかかるものとなっていることから，紛争を抱えた組合員の利益を考慮して，組合員を支援して労働審判の申立てをさせることにより，労働審判手続を活用しての早期の解決を実現しようとする労働組合もある．

第7章　労働委員会による集団的労使紛争処理

第1節　労働関係調整法に基づく労働争議調整手続の現状

1　労働委員会による労働争議の調整

　集団的労使関係の当事者間で紛争が生じ，これによって争議行為が発生し，あるいは発生するおそれがある場合に，第三者が，両当事者の主張を聴取し，紛争を解決に導くよう助力する手続を「労働争議の調整」と言う．たとえば賃金引上げや一時金（賞与），組合員の解雇等に関する団体交渉において，主張に隔たりがあり，労使双方がお互いの主張を譲らず，話し合いが進まなくなると，ともに冷静さを失い，ストライキが発生する可能性も高まる．そのような場合に，第三者が間に入り，双方の話を聴き，助言する等の行為を行うことにより，争議行為に至ることなく解決が図られることは，当事者のみならずストライキ等により不便を強いられる可能性のある社会にとっても望ましいこととなる．

　労働関係調整法は，労働委員会による労働争議の調整・解決のための手続を定めている．都道府県労働委員会は，それぞれの都道府県内における事件の処理を行い，中央労働委員会は，複数の都道府県にまたがる事件や全国的に重要な問題に該当する事件の処理を行っている（労調令2条の2・1項）．

2　労働委員会による調整手続

1)　労働争議の意義

労働関係調整法による調整手続の対象となるのは「労働争議」であり，「労働関係の当事者間において，労働関係に関する主張が一致しないで，そのために争議行為が発生している状態又は発生する虞がある状態」をいう（労調法6条）.

「争議行為」とは，「同盟罷業，怠業，作業所閉鎖その他労働関係の当事者が，その主張を貫徹することを目的として行う行為及びこれに対抗する行為であって業務の正常な運営を阻害するもの」である（労調法7条）.

2)　争議行為発生の届出義務

労働争議の早期解決のために，労働委員会は，労働争議に関する情報を常に的確に把握しておく必要があることから，争議行為が発生したときには，その当事者は，直ちにその旨を労働委員会または都道府県知事に届け出なければならないとされ（労調法9条），労働委員会は，必要に応じて，争議行為の実情の調査に乗り出すことになる.

とくに公益事業（運輸事業，郵便・信書便・電気通信事業，水道，電気またはガスの供給の事業，医療または公衆衛生の事業であって，公衆の日常生活に欠くことのできないもの）については，住民の日常生活に広く影響を及ぼすことを考慮して，争議行為の予定日の少なくとも10日前までに，労働委員会及び厚生労働大臣または都道府県知事に対して予告をすることが義務付けられ（労調法8条1項，37条），公益事業にかかる労働争議が発生したときには，速やかに，当該労働争議の実情の調査が開始されることになる.

3)　自主的調整の原則

労働関係は本来自主的に運営されるものであり，労使紛争が生じた場合においても，当事者は自主的に解決すべく，そのための努力が必要となる. そこで，労働関係調整法も，「自主的調整の原則」を定めて，労働関係調

整法による法定の公的手続が，私的な紛争調整手続を排除するものではないこと，そして，労働関係の当事者の自主的解決の責務を免除するものではないことを，明らかにしている（労調法2〜4条）．

　労働関係調整法による手続の開始後も自主的調整の原則は排除されず，手続と並行して当事者が自主交渉を行うことは妨げられず，むしろ自主的な解決方法を模索することは望ましいものとなる（労調法16条，28条，35条）．

　自主交渉による解決等により，手続を利用する理由や意思がなくなったときには，申請人は，いつでも申請を取り下げることができる．

　なお，労働争議の調整に際して，労働者が証拠の提示をしたり，発言をしたことを理由として，使用者がその労働者を解雇したり，その他の不利益な取扱をすることは，不当労働行為（報復的不利益取扱）として禁止されている（労組法7条4号）．

4）　調整の対象事項

　調整の対象として労働委員会が取り上げる事項は，当事者間の交渉により解決できる労働条件や労使関係に関するものということになり，労働組合と使用者の間に起きた問題は概ね対象になる．

　賃金や労働時間など，組合員の労働条件に関する事項のみならず，事業の休廃止・縮小，企業合併，営業譲渡等，経営人事に関する事項でも，組合員の労働条件に影響を及ぼすものは対象となる．

　また，団体交渉手続や組合員の範囲，ショップ制，平和条項，在籍専従，チェック・オフ，組合事務所の貸与，組合掲示板設置，労働協約など労使関係の運営や組合活動等に関する事項も対象になる．

　労働条件や労使関係の運営に関する事項に該当し，団体交渉により労使間で決定すべき事項に関して，一方当事者が団体交渉を要求しても相手方がそれに応じない場合や，団体交渉が行き詰まったり，決裂した場合等には，「団体交渉促進」も調整対象となり，調整事項に団体交渉促進を含む事件が例年多くを占めている．

3　労働委員会による労働争議の調整方法

1）　労働争議の調整方法と手続の開始

　労働関係調整法に基づき労働委員会が行う調整方法には，斡旋（あっせん），調停，仲裁及び緊急調整がある．緊急調整を除き，いずれも，原則的には，集団的労使当事者の双方ないしは一方の申請により開始されることになる．

　労働組合の申請には，法人格は必要ではなく，組合分会や労働者の一時的な団結体である争議団も申請することができるが，労働者個人での申請は認められない．当事者からの申請がない場合にも，職権や都道府県知事の請求によって開始されることもある．

　労働委員会が提供するサービスの利用には，費用は一切かからない．また，調整手続には特段の法律的知識は必要ではなく，また，事務局職員が申請の段階から終結まで，必要に応じて助言等を行う体制をとっており，通常，高額の報酬が必要とされる弁護士等の代理人の利用は必ずしも必要ではない．

　最も簡便な手続であることもあり，例年，労働委員会に申請される調整方法のほとんどは，斡旋となっているので，斡旋手続に関してのみ，本節4で詳しく述べる．

2）　調　　停

　「調停」は，委員により公・労・使三者による調停委員会を構成し，当事者の出頭を求めて意見を聴取し，調停案を作成して，関係当事者にその受諾を勧告する手続である（労調法21条，24条，26条）．関係当事者の双方からの申請，あるいは労働協約の定めに基づく関係当事者の一方からの申請により開始される．

　公益事業については，当事者の一方からの申請，労働委員会の決議，あるいは厚生労働大臣または都道府県知事の請求のいずれかにより開始されることがある（労調法18条）．

　調停は，調停案の作成及びその受諾勧告を手続上予定するという特徴はあるものの，斡旋においても斡旋案を出すことも少なくなく，また，事案により斡旋も公・労・使三者による委員会で行うこともあることから，その手続的特徴において，斡旋と顕著な違いは認められない．調停の申請件数は，例年ごく少数に止まっているが，その理由として，斡旋は一方からの申請で開始できるのに対し，調停は原則として双方からの申請が必要であることによるものであろうと述べられている（岩村正彦「集団的労働紛争解決システムの展開と課題」日本労働法学会編『講座労働法の再生第1巻労働法の基礎理論』（日本評論社，2017）209頁）．

3）仲　　裁

　「仲裁」は，仲裁委員3人で構成する仲裁委員会が，両当事者に拘束力を有する仲裁裁定を下す手続である（労調法31条，34条）．当事者双方からの申請，あるいは労働協約の定めに基づく当事者の一方からの申請により開始される（労調法30条）．

　仲裁は労働争議の解決を労働委員会に委ねる手続であり，仲裁裁定は労働協約と同一の効力を有するものとされ，関係当事者を当然に拘束することになるところに大きな特色がある．労働争議の対象事項によっては，労働協約で定める苦情処理手続の最終段階に組み込むような形で，仲裁手続を有効に活用することも可能と思われるが，ほとんど利用されていない．

4）緊　急　調　整

　「緊急調整」は，争議が公益事業に関するものである等，争議行為により当該業務が停止されると国民経済の運行を著しく阻害し，または国民の日常生活を著しく危うくするおそれがあると認める事件について，争議行為の禁止をも規定する特別の調整手続である（労調法35条の2，38条）．

　緊急調整は1952（昭和27）年の改正により導入された手続であるが，同年に行われた60日間に及ぶ炭労ストに対して，極度の石炭不足による国民

生活の窮状により適用された例が1件あるのみである（菅野和夫『労働法第12版』（弘文堂，2019）1097頁）．

4　斡　　旋

1）　斡旋の意義

「斡旋」は，労働委員会の会長の指名する斡旋員が，紛争当事者双方の主張の要点を確かめ，事件が解決するように努める手続である（労調法10～13条）．最も簡便なものとなっており，労働委員会に申請される調整方法は，例年，そのほとんどが斡旋となっている．

斡旋は，単独の斡旋員で行うところもあるが，調整事件の数が多くはない大方の労働委員会では，公益委員，労働者委員，使用者委員の三者による委員会を構成して対応するのが通常となっている．単独の斡旋員で行う場合と比べると，斡旋期日の決定に際して3名の斡旋員の都合と当事者の都合を調整する負担があり，期日が先延ばしになるマイナス面はあるが，三者構成のメリットが解決に威力を発揮することが少なくない．

公益委員，労働者委員，使用者委員の三者に，事務局職員も加わり，四者構成で行うところもあり，青森県労働委員会では斡旋事件のすべてを四者構成で行っている（青森県労働委員会事務局編『青森県労働委員会年報令和2年』（2021）17頁）．また，東京都労働委員会のように，2人の事務局職員による斡旋がメインになっているところもあり，東京都労働委員会の2020（令和2）年の新規係属の争議調整事件の56件はすべてが斡旋事件で，2人の事務局職員によるものが37件（66.1%），公・労・使委員三者構成によるものが19件（33.9%），公益委員単独によるものは0件となっている（東京都労働委員会事務局『都労委年報令和2年』（2021）統計表第15表）．

労働委員会における斡旋手続の流れについては，次頁の**図7-1**を参照のこと（「令和2年における労働委員会取扱事件の概況」中央労働時報1280号（2021）46頁）．

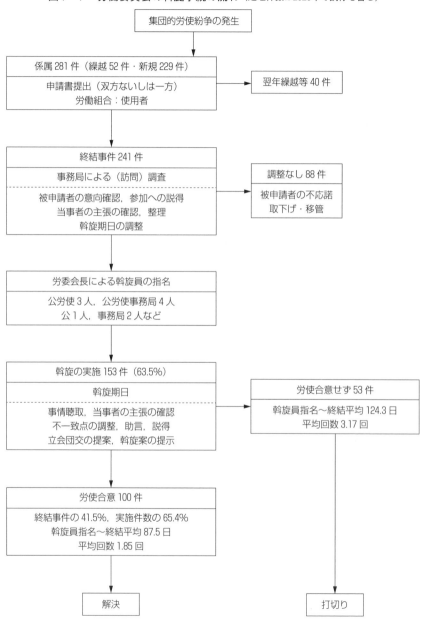

図7-1 労働委員会の斡旋手続の流れ（処理件数は2020年で調停を含む）

集団的労使紛争の発生

係属281件（繰越52件・新規229件）

申請書提出（双方ないしは一方）
労働組合：使用者

翌年繰越等40件

終結事件241件

事務局による（訪問）調査

被申請者の意向確認，参加への説得
当事者の主張の確認，整理
斡旋期日の調整

調整なし88件

被申請者の不応諾
取下げ・移管

労委会長による斡旋員の指名

公労使3人，公労使事務局4人
公1人，事務局2人など

斡旋の実施153件（63.5%）

斡旋期日

事情聴取，当事者の主張の確認
不一致点の調整，助言，説得
立会団交の提案，斡旋案の提示

労使合意せず53件

斡旋員指名〜終結平均124.3日
平均回数3.17回

労使合意100件

終結事件の41.5%，実施件数の65.4%
斡旋員指名〜終結平均87.5日
平均回数1.85回

解決

打切り

2）　斡旋の申請

　斡旋は，関係当事者である労働組合と使用者の双方または一方からの斡旋申請書の提出，または労働委員会の会長の職権に基づいて行われる（労調法12条）．当事者の一方の申請による場合には，相手方当事者は，労働協約に，これに応じなければならない旨の定めがある場合を除いては，原則として，斡旋手続に応じる義務を負わない．

　病院や鉄道等の公益事業のように，そこでの労働争議が都道府県民の日常生活に重大な影響を及ぼすおそれがあるにもかかわらず，当事者から斡旋の申請がないときには，会長が職権により斡旋を開始する場合もある．

3）　斡旋申請書の受理と事前調査

　斡旋申請書を受理した労働委員会は，担当職員を選任し，速やかに斡旋事案の調査を開始する．担当職員は，紛争の内容とその原因となった事実経過，労使間の交渉の経過や主張の推移，主張の不一致の原因・理由などを調査するとともに，当事者の一方の申請による場合には，相手方の意向を確認する．当事者に，関係資料の提出を依頼することもある．

　相手方が斡旋手続に応じない旨の意思を表明した場合には，応じるように十分な説得を行うことになる．説得の努力にもかかわらず，相手方が翻意しないときは，手続は，打ち切りにより終了することになる．

4）　斡旋手続の開始決定と斡旋員の指名

　担当職員による事前調査を資料として検討を行い，会長が，斡旋を行うことを妥当と判断したときには，手続の開始決定を行い，斡旋員候補者の中から，当該争議の内容や当事者の希望，斡旋員候補者の他の事件の負担状況等を考慮して，斡旋員を指名し，速やかに当事者に通知が行なわれる．

　会長は，当事者による自主解決のための努力が十分であるとは認められない場合や，斡旋事項が法令の解釈など労働委員会の調整になじまないと判断される場合には，斡旋の不開始を決定することもある（労委則65条 2 項，

81条の6）．その場合には，当事者に対して，不開始の理由を付して書面により通知が行われる．

　斡旋手続が開始されると，斡旋員の命を受けて，事務局の担当職員は，当事者に対してさらなる調査を行い，必要な関係資料の提出を求めるとともに，斡旋期日の希望を確認する．事前の調査においては，労働委員会に呼びつけるのではなく，事務局の担当職員が当事者のもとに直接赴くことが通例となっており，こういったところが労働委員会の手続の特徴ということができる．

　斡旋員の都合と当事者の希望を考慮して日程調整が行われ，できるだけ早い時期に第1回の斡旋期日が開かれることになる．いずれの労働委員会においても，斡旋申請から遅くとも30日以内には第1回の斡旋期日が設定されるように配意されている．斡旋期日は，都道府県庁（本庁）ないしはその近隣の庁舎にある労働委員会の労働委員会室や調整室等において行われることが通常であるが，希望があれば，当事者の所在地に近いところにある都道府県関連施設の会議室等で行う「現地あっせん」に対応するところもある．

5）　斡旋期日での手続

　第1回の斡旋期日では，まず，大きな会議室（労働委員会室）において，斡旋の開始が宣言されるとともに，斡旋員の紹介と，当事者側からの出席者の確認が行われる．

　出席者に関して特に定めはないが，斡旋手続が当事者間の合意によって労働争議を解決するためのものであることから，対象となっている事項に関して相応の権限を有する者であることが必要となる．当事者以外は出席できない．労働組合の上部団体の役員は，当事者として出席することができる．弁護士に代理行為を求めることや，弁護士や社会保険労務士を補佐人として同行することは，手続の運営に支障がない限り，認められているようであるが，労働争議は，本来，団体交渉という人と人との話し合いで

運営すべき集団的労使関係が拗れたことによるものであることを考慮するならば，当事者が調整手続を代理人に委ねることを認めることは，労使自治の理念に反するものと言わざるを得ず，届出制による補佐人の同行に止めるべきものと解する．

　手続は，記録の必要等もあり，担当職員をはじめとする事務局職員も同席の上で進められるが，非公開で行われ，秘密は厳守される．

　出席者の確認後，実際の斡旋作業を行うため，各当事者はそれぞれ専用の控え室に入り，斡旋員は別の会議室（調整室）に移動し，そこに順番に当事者を呼んで「個別面接方式」で事情聴取を行い，主張の要点や争点を確認することになる．それをもとに，事情聴取の合間に，斡旋員における協議が行われ，斡旋作業の方針を決定する．

　斡旋員による協議により決定された方針に基づいて，斡旋員一体での個別の事情聴取や説得が繰り返されたり，斡旋案の提示が行われたりすることになるが，使用者委員が使用者側の控え室に入って本音を聞いたり説得に当たったり，労働者委員も労働組合側に同様のことをするといった単独の委員による個別の働きかけが行われることもある．このようなところに，三者構成の特色が色濃く表れ，解決に大きく貢献することもある．

　斡旋手続では斡旋案が示されることは予定されておらず，斡旋員が斡旋案を示す義務を負うものではない．また，斡旋案が示された場合でも，当事者には斡旋案を受諾する義務もない．しかし，斡旋作業により労使双方が合意に向かう意向が確認できた段階などにおいては，必要に応じて，斡旋案を当事者に示し，それにより解決を図るように検討を求めることも多くなっており，そのような場合には，「調停」手続とほとんど同様の機能を果たすことになる．

　斡旋を求めている事項について，団体交渉の余地が残っていると判断されるときには，自主交渉の開始やさらなる交渉の継続を勧めることもある．その団体交渉に斡旋員が立ち会うこともあり，これを「立会団交」というが，立会団交により，自主交渉がうまく進むことや，斡旋員が事案の本質

的問題点を把握することに役立つことがある（立会団交に関する興味深い論稿
として，古西信夫「公労使委員の立会団交の是非について」月刊労委労協2001年9月
号3〜13頁がある）．

　第1回の斡旋期日で終結に至らない場合には，斡旋員の判断により，第
2回以降の斡旋期日を設定することもある．なお，協議事項を指示し，次
の期日までの間において，労使での自主交渉をすることを勧めることもある．
　1回の斡旋期日にかける時間は通常2〜3時間であるが，労働委員会の
斡旋では，解決の好機とみれば，時間を気にすることなく手続を続行して
合意を導くように努力することができる体制となっており，調停や仲裁の
手続でも同様であり，労働委員会の争議調整手続の特徴となっている．

6）　斡旋手続の終了

　斡旋により双方の意見が一致したときには，斡旋員の立ち会いの上で，
当事者間で合意の文書を作成し，事件は解決により終了ということになる．
その場で合意文書に対する了解が得られないときには，期限を定めて回答
を求め，双方の了解を確認した時点において，改めて調印を行うこともあ
る．斡旋案を出したときには，それを双方が受諾することにより事件は解
決により終了する．
　斡旋員は，斡旋を進める中で，被申請者が斡旋を拒否した場合や，労使
の意見や主張の隔たりが大きく，解決の見込みがないと判断した場合には，
手続きを打切りにより終了し，事件の要点を労働委員会に報告することに
なる（労調法14条）．
　斡旋案を出した場合には，それを労使双方，又はどちらか一方が拒否し
た場合は，さらなる斡旋作業により解決が見込まれるときを除いて，その時
点で斡旋作業は打切られ，事件の処理はすべて終了することになる．斡旋
手続が打切りにより終了しても，自動的に調停や仲裁に移行するということ
はなく，調停や仲裁を求める当事者は，改めてその申請をする必要がある．
　斡旋が打ち切られた事件は，事案によっては，民事訴訟や労働審判に移

行することもある．例えば組合員の解雇問題をめぐる事案では，早期の解決を図るために，組合員が，労働組合の支援を受けて，労働審判手続の申立をすることもある．また，労働組合が不当労働行為の申立を行うこともある．団体交渉促進を対象事項とする幹旋打切りの後に，使用者が団体交渉に誠実に応じないとして，不当労働行為（団体交渉拒否，労組法 7 条 2 号）の申立を行うというパターンが，その典型例となっている（拙稿「日本における労使紛争処理の実態」松山大学総合研究所所報102号（2019）92頁）．

　自主的な団体交渉等，労働委員会による幹旋以外の方法により解決を図りたい，あるいは解決に至った等，申請者が幹旋の必要がないと判断したときには，いつでも幹旋事項の一部または全部について取下げを行うことができる．全部について取下げが行われると，手続は終了する．自主交渉により解決したときには，労働委員会は，当事者に対して「労働争議解決報告書」の提出を求めている．

5　幹旋等，労働争議調整の概況
1)　労働争議調整事件の係属状況

　2020（令和 2）年に係属した事件数は281件（前年260件）で，このうち前年から繰り越されたものが52件，新規に係属したものは229件（都道府県労委が227件，中労委が 2 件）であった．ピーク時の1974（昭和49）年の2249件の10分の 1 程度となっている（「令和 2 年における労働委員会取扱事件の概況」41頁及び全国労働委員会連絡協議会事務局編『労働委員会七十年の歩み』（全国労働委員会連絡協議会，2016）540〜541頁）．

表 7-1　初期から最近10年の新規係属事件数の推移

1950	1960	1970	1980	1990	2000	2010
1114	1201	1554	999	374	613	563

2011	2012	2013	2014	2015	2016	2017	2018	2019	2020
543	463	441	363	342	310	283	243	203	229

　新規係属事件を調整方法別にみると，斡旋が226件（98.7％）とほとんどを占め，調停が2件（0.9％），仲裁が1件（0.4％）となっている．労働組合からの申請が202件（88.2％），使用者からの申請が26件（11.4％），労使双方からの申請は1件（0.4％），職権による開始は0件であった（「令和2年における労働委員会取扱事件の概況」41頁）．

　新規係属事件中，合同労組事件は166件（72.5％）で，駆け込み訴え事件（労働者が使用者とのトラブルを抱えた後に合同労組に加入し，当該組合が当該紛争について斡旋等の申請を行う事件）は93件（40.6％）であった．合同労組事件に占める駆け込み訴え事件の割合は56.0％となっており（「令和2年における労働委員会取扱事件の概況」43頁），労働委員会において集団的労使紛争として処理される事件の中でも，その由来は個別的労使紛争であるものが多くを占めているが，このような事件も，集団的労使紛争に他ならない（拙稿『労使紛争処理制度の概要』（愛媛労働局労働基準部，2001）71頁．宮里邦雄弁護士は，「合同労組の駆け込みのようなケースは……実質個別紛争的な要素があるけれども，しかしこれは，団結を背景にして交渉によって解決をしようということですから，これは集団的労使紛争」である，と述べる．全国労働委員会連絡協議会事務局編『労働委員会七十年の歩み』366頁）．

2）　調整内容の特徴

　2020（令和2）年の229件の新規係属事件に係る調整事項数の451項目のうち，経済的事項（「賃金増額」・「一時金」・「労働時間・休日休暇」・「その他」）が165項目（36.6％），非経済的事項（「経営又は人事」・「団交促進」・「組合承認・組合活動」・「その他」）が279項目（61.9％），協約締結・全面改訂が7項目（1.6％）となっている．経済的事項の「その他」（114件）を含めても，「団交促進」が124項目（27.5％）と最も多くなっており，例年，メインの調整事項となっている（「令和2年における労働委員会取扱事件の概況」43頁）．

3）　争議調整の処理状況

　2020（令和 2）年には，前年からの繰越52件を含む係属事件281件のうち，241件が終結し，40件が翌年に繰り越された．終結した241件のうち，当事者が調整を行うことに同意したもの（「調整あり」）は153件で，同意しなかったもの（「調整なし」）は88件であった．

　調整を行った結果，労使の合意を得られたものは100件（平均調整日数：87.5日，平均調整回数：1.85回）であり，合意に至らなかったものは53件（同：124.3日，同：3.17回）であった．合意に至らなかった事由の内訳は，労使双方が譲歩せずが30件（56.6％），使用者側が譲歩せずが 6 件（11.3％），労働者側が譲歩せずが 1 件（1.9％），訴訟・不当労働行為審査手続に至ったものが 2 件（3.8％）等となっている．調整を行った結果，合意に至らなかったものの中にも自主解決されたものが 2 件（3.8％）ある．調整日数（調整員指名より終結の日まで）が90日以内の早期解決が68件（68.0％），91日以上が32件（32.0％）となっており，迅速性の面で問題となる状況にはないと解される．

　調整を行うことに同意しなかった事由の内訳は，団交の過程での回答が限度であるなど譲歩の意思なしが49件（55.7％），自主交渉希望が10件（11.4％），自主解決が14件（15.9％），権利義務の確認や不当労働行為の判断など調整事項について司法又は不当労働行為判断を求めたいが 6 件（6.8％）等となっている．

　終結した241件のうち，取下げ・移管を除く204件の終結状況は，解決が105件，不調・打切りが99件で，解決率は51.5％であった．解決率は長年60％台後半から50％台半ばの数字で推移してきていた．2018年に49.3％となり初めて50％に満たなかったが，2019年には50％台に回復し，2020年も維持している．高い数字ではないが，任意の調整制度であり，相応の機能を果たしていると解される．調整方法別の解決率は，斡旋が51.5％（204件中105件），調停が33.3％（ 3 件中 1 件）であった（「令和 2 年における労働委員会取扱事件の概況」47頁及び「平成29年における労働委員会取扱事件の概況」中央労働

表7-2　過去10年の解決率の推移

2010	2011	2012	2013	2014	2015	2016	2017	2018	2019	2020
58.8	54.5	59.1	57.1	56.5	58.0	54.3	52.9	49.3	51.5	51.5

時報1237号（2018）55頁，「平成26年における労働委員会取扱事件の概況」中央労働時報1194号（2015）55頁，「平成23年における労働委員会取扱事件の概況」中央労働時報1151号（2012）66頁）．

6　斡旋手続による解決事例

［1］　「団体交渉の開催」を調整事項とする解決事例

　［**事案の概要**］労働者Cは，B法人の指示で，無資格で看護師業務の一部を実施していたことを，行政機関の監査の際に，その旨回答した．B法人は，その回答を虚偽であり，服務規律違反及び背任行為であるとして，「賞与不支給通知」を出して処分した．勤労意欲を失ったCが，退職願を出したところ，B法人は，「出勤停止等通知」を出して処分するとともに，退職金を不支給とした．Cは退職後，A労組に加入し，A労組が，B法人に対して，賞与不支給通知及び出勤停止等通知の撤回などを求める団体交渉を申し入れた．しかし，B法人は，「団体交渉の案件ではない．強要罪で告訴も辞さない．」と，団体交渉を拒否する姿勢を強硬にみせたので，A労組が斡旋の申請に至ったものである．

　［**斡旋の経過**］A労組は，「B法人が団体交渉に応じるならば，交渉事項は団体交渉の場で解決するつもりである．B法人が団体交渉に応じるときは，不誠実団交をしないようにして欲しい．」などと主張したのに対し，B法人は，「今回の懲戒処分は，団体交渉に応じなければいけない事項ではない．労働組合と交渉しても，要求に応じる気は全くなく，物別れになる可能性が高いので，時間の無駄である．」などと主張した．そこで，斡旋員が，B法人に対して，「従業員に重い懲戒処分を行う場合は，注意を積み重ねた上で，注意したという事実を文書などで残しておく必要があること．団体交渉に応じない場合は，組合から不当労働行為救済申立

がなされ，労働委員会が事案を精査することにより，団体交渉に応じなければならない旨の命令が出ることも想定されること.」などと説得を繰り返した. これを受け，B法人は，「法律上，団体交渉に応じなければならないのならば，仕方がない.」と団体交渉に応じる意向を示したので，双方に協定書案を提示し，合意が得られたことから，協定書を締結し，解決により終結した.

[協定の要旨] ①B法人は，A労組から令和〇年2月〇日付で申入れのあった団体交渉について，令和〇年4月〇日午後6時から，B法人が指定するB法人の施設で実施するものとする. ②A労組及びB法人は，今後，相手方から団体交渉の申入れがあった場合には，双方，十分誠意をもって団体交渉を行うものとする（愛媛県労働委員会事務局『愛媛県労働委員会年報──平成29年──』(2018) 31〜32頁).

[2] 「組合員の退職扱いの撤回」を調整事項とする解決事例

[事案の概要] 労働者Cは，上司によるパワハラや不合理な配転命令等がきっかけとなり，うつ病を発症し，休職するとともに，A労組に加入していたが，B社は，休職期間の満了を理由として，Cを退職扱いとした. そのため，A労組は，退職扱いの撤回等を求めて，B社と団体交渉を行ったが，交渉が決裂状態となったことから，斡旋の申請に至ったものである.

[斡旋の経過] B社は，「退職扱いの撤回」を調整事項とする斡旋への参加に難色を示し，また，A労組も，「退職から長期間経過しており，Cの職場復帰は現実的には難しい.」として，調整事項を，「退職に伴う金銭和解」に変更したところ，B社も，斡旋に応諾するところとなった. A労組は，「Cのうつ病は，業務に起因するものであり，退職後も，うつ病のため就労できない期間があったこと，また，現在も定期的な通院が必要な状況であるなど，生活に大きな影響を受けた.」などと主張して，解決金として，〇万円を求めた. これに対し，B社は，「Cに対するパワハラはなかったし，配転命令も不合理なものではないが，問題の早期解決

のため，解決金として，○万円を提示する.」などと主張した. そこで，斡旋員が，B社に対して，「会社の提示する金額は，類似の解決事例などと比較しても不十分である. 斡旋で解決せず，労働審判を利用した場合には，解決金としての相場は上がり，費用，時間もかかる.」などと説得した. これを受け，B社は，解決金を再考して増額し，○万円を提示したため，斡旋員が，A労組に和解を促したところ，同意が得られたことから，協定書が締結され，解決により終結した.

[協定の要旨] ①A労組及びB社は，Cが，休職期間満了日の令和○年○月○日をもって退職となり，円満に離職したことを確認する. ②B社は，A労組に対し，本事件の解決金として，金○円を支払う. ③A労組，B社及びCは，本事件に関し，この協定書の定めを除き，何らの債権債務がないことを相互に確認する. ④A労組，B社及びCは，本事件の顛末及びこれまでの労使関係において知り得た情報を，一切，第三者に漏らさないことを確約する（愛媛県労働委員会事務局『愛媛県労働委員会年報──平成30年──』（2019）32～33頁）.

第2節　労働組合法に基づく不当労働行為救済制度

1　不当労働行為救済制度の意義

　憲法28条により労働者の基本権として団結権，団体交渉権および団体行動権（労働三権）が保障されているにもかかわらず，使用者が，労働者や労働組合の権利行使に対して，様々な圧迫を加えたり，妨害を試みたりすることがある.

　そこで，労働組合法は，憲法28条による労働三権の保障の趣旨を蔑ろにする使用者側の行為を「不当労働行為」として禁止するとともに，禁止の違反に関して，裁判所による司法的救済とは別個に，労働委員会という専門的な行政機関によって救済し，簡易・迅速に集団的労使関係の正常化を図るために，不当労働行為救済制度を設けている.

　労働三権に対する使用者の侵害行為に関し，裁判所による司法的救済と

して，民事上，その行為の無効を確認することや，損害賠償の請求をすることもできる．しかし，裁判所による民事訴訟は，過去ないし現在の権利義務関係の確定を本来の使命とするものであり，また，通常，長い時間と多くの費用を必要とするものである．集団的労使関係の実態を踏まえ，将来を見据えての現在の労使関係の正常化を迅速に図ることには，必ずしも適したものではない．そこで，専門性の高い，独立の行政機関である労働委員会が，その審査に基づいて救済を図る不当労働行為救済制度が設けられている．

2　不当労働行為の類型

1）　不当労働行為の類型

　労働組合法は，不当労働行為として，不利益取扱（報復的不利益取扱），黄犬契約，団体交渉拒否，支配介入・経費援助を禁止する（労組法7条）．

　使用者の一つの行為が，複数の不当労働行為類型に該当することもよくある．たとえば，不利益取扱は支配介入にも該当する．また，団体交渉拒否が支配介入とされることもある（宮里邦雄『不当労働行為と救済　労使関係のルール』（旬報社，2009）51頁）．

2）　不利益取扱（報復的不利益取扱）

　不利益取扱とは，「労働者が労働組合の組合員であること」，「労働組合に加入し，もしくはこれを結成しようとしたこと」，「労働組合の正当な行為をしたこと」を理由として，労働者に対して解雇その他の不利益な取り扱いをすることである（労組法7条1号本文前段）．

　「労働者が労働委員会に対して不当労働行為の申し立てをしたこと，再審査の申し立てをしたこと」，「労働委員会における不当労働行為の審査手続もしくは労働争議の調整手続において証拠を提示しもしくは発言をしたこと」を理由として，労働者に対して解雇その他の不利益な取り扱いをすること（労組法7条4号）は，とくに「報復的不利益取扱」と呼ばれる．

解雇以外の不利益取扱の具体例としては，懲戒処分，降格，左遷，賃下げ，賞与不支給，低い査定といった，それ自体として不利益な措置や，非組合員や別組合員には支給された手当てが支給されないといった相対的な不利益，加害の意図を含んだ出向，転勤，配転など，様々なものが考えられる．不利益取扱に該当すると認められる解雇，その他の法律行為は，当然，無効となる．

3） 黄犬契約

黄犬契約とは，労働者が労働組合に加入せず，もしくは労働組合から脱退することを雇用条件とすることである（労組法7条1号本文後段）．

使用者が，このような条件を提示したり，約束するだけで不当労働行為が成立すると認定され，組合加入を妨害したり，組合脱退を強制するといった行為は必要ではない．「組合に入っても熱心に活動しない」旨の念書をとる行為や，「すでに雇っている労働者に，組合に加入しないことを雇用継続の条件とする行為」も，黄犬契約に該当するものと解される．

労働委員会が，黄犬契約があると認定した場合には，その破棄を命じることになる．黄犬契約は，私法上も無効であるが，その条件部分だけの一部無効となり，労働契約自体は有効に存続することになる．

4） 団体交渉拒否

団体交渉拒否とは，使用者が，雇用する労働者の代表と団体交渉をすることを正当な理由がなく拒むことである（労組法7条2号）．日本では，憲法28条により労働者の団体交渉権が保障されており，使用者の誠実交渉義務が果たされなかった場合にも，団体交渉拒否となる．

使用者が団体交渉を拒否できる正当な理由としては，交渉を要求する事項が義務的団交事項ではないことや，労働組合の求める団体交渉の態様（交渉の場所，時間，交渉人数など）が労働協約や労使慣行に反することなどがある（西谷敏『労働組合法〔第3版〕』（有斐閣，2012）303頁）．

5）　支配介入・経費援助

支配介入とは，「労働者が労働組合を結成し，もしくは運営することを支配し，もしくはこれに介入すること」，経費援助とは，「労働組合の運営のための経費の支払につき経理上の援助を与えること」である（労組法7条3号）．

支配介入・経費援助は，労働組合の団体交渉の主体としての自主性や組織力を使用者の行為によって侵害されないように，使用者による組合結成・運営への干渉行為や組合弱体化行為を禁止するものである．

支配介入としては，使用者による労働者や労働組合に対する発言が問題となることが多い．使用者にも言論の自由（憲法21条1項）があるものの，組合側の行為に対する報復や不利益の示唆，利益誘導，脱退勧奨，併存組合への加入奨励などを内容とする発言は，労働組合に対する直接的な干渉行為となり，支配介入となると解される．

経費援助としては，組合費のチェック・オフ（使用者が組合員の賃金から組合費を天引きし一括して労働組合に渡すもの）など，使用者が労働組合に提供する便宜供与が問題となる．

便宜供与について，労働組合法は，労働者が労働時間中に賃金を失うことなく使用者と協議・交渉すること，組合の福利基金などに使用者が寄付すること，最小限の広さの事務所を供与することは，経費援助に当たらないとしている（労組法7条3号但書）．

チェック・オフについては，組合財政の安定による団結維持機能が認められ，経費援助に当たらないと解されており，それまで認めてきたチェック・オフを一方的に拒絶する行為については支配介入となると解されることが少なくない．

3　不当労働行為の救済手続

1）　不当労働行為の申立手続

不当労働行為救済手続は，労働委員会において，申立人と被申立人を両

当事者とする，公式的な対審手続で行われる（不当労働行為救済手続を高いレベルで簡潔に述べたものとして，大内伸哉「不当労働行為の救済手続は，どのように進められるのか」中央労働時報1206号（2016）18頁がある）．不当労働行為救済手続の流れと裁判所との関係については，次頁の**図7-2**を参照のこと．

（1）不当労働行為の申立

労働組合や労働者が，使用者の不当労働行為により，権利や利益を侵害されたと考えるときは，労働委員会に対して，救済の申立を行うことになる（労組法27条1項）．申立は，原則として，「不当労働行為救済申立書」の提出により行われる．

（2）資格審査

労働組合が不当労働行為の救済申立を行なう場合（労組法27条以下）には，労働組合法が定める要件を満たした労働組合であることが求められており（労組法5条1項），その要件である自主性（労組法2条）と民主性（労組法5条2項）について，労働委員会の資格審査を受ける必要がある．資格審査は，不当労働行為の審査と併行して行われ，救済命令が発せられる時点までに認定されていればよいと解されている．この考え方は「併行審査主義」と呼ばれ，東京光の家事件の最高裁判所判決（最2小判昭62・3・2労働判例500号32頁）も，これを適法としている．資格審査の過程で要件の充足に疑義があるときは，労働委員会が補正勧告を行い，その補正勧告に従い組合規約を改正することにより，資格審査をパスすることになるのが通例となっている．

なお，資格審査については，不当労働行為救済申立のみならず，法人登記の手続（労組法11条）や，労働協約の地域的拡張適用の申立の手続（労組法18条），労働委員会の労働者委員候補者の推薦手続（労組法19条の3・2項，同法19条の12・3項）の際には，その都度必要とされ（労組法5条1項本文），労働組合の負担が大きいことなどから，立法論として，その廃止を唱える有力な見解がある（西谷敏『労働組合法〔第3版〕』89頁）．しかし，結成まもない労働組合が，その存在を使用者に認めさせるために，法人格の取得を

図7-2　労働委員会における不当労働行為救済手続の流れと裁判所

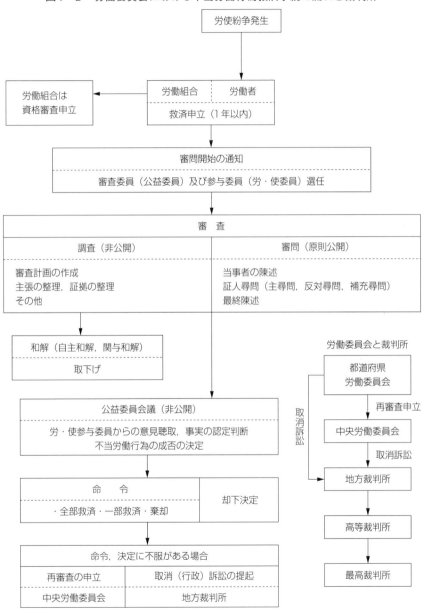

名目上の理由として資格審査を受ける，という労働組合運動上の存在意義
は軽視できない．また，資格審査を廃止することにより，労働組合の実質
を有しない団体が，不当労働行為制度の趣旨に合致しない目的で不当労働
行為事件として事案を労働委員会に持ち込む危険性がないのかについて，
十分に検討する必要がある（拙著『労使関係法』（晃洋書房，2015）42頁）．注目
すべきものとして，「組合費を無料とし，大会への参加等も求めず，組合
員の組合運営にかかる負担を金銭的にも活動的にも軽減することによっ
て，多数の組合員を結集している実態がうかがわれ」る組織が，会社によ
る団体交渉拒否や支配介入があったとして救済を申し立てた事案におい
て，東京都労働委員会は，「事実上，組合を運営しているのは役員6名であっ
て，その6名の役員を除く万単位の組合員は，制度的にも実態としても，
組合を自主的に組織する主体であるとみることはできないのであるから，
組合が，『労働者が主体となって自主的に……組織する団体』であるとい
うことはできない」ので，「仮に組合規約を改正して形式的に労働組合法
第5条第2項の要件を満たしたとしても，組合は，根本的に同法第2条の
要件を満たす団体とはいえない」として，労働組合法による救済を受ける
資格を否定し，申立を却下している（グランティア事件・東京都労働委員会令
和2年8月19日決定書交付．東京都労働委員会HP「命令等概要令和2年交付分」）．

（3）申立期間

不当労働行為の申立は，使用者による不当労働行為と解される行為が行
われた日から1年以内，継続する行為にあってはその終了した日から1年
以内に，行われなければならないとされている（労組法27条2項）．

申立期間の制限は，1年以上経過すると，「其の調査審問にあたって証
拠蒐集・実情把握がはなはだ困難になり，且つ1年以上経過した後に命令
を出すことは却って労使関係の安定を阻害する恐れがあり又命令を出す実
益がない場合がある」からである（労働省労政局編『改正労働関係法の詳解』（労
務行政研究所，1952）170頁）．この期間は除斥期間と解されている（塚本重頼『労
働委員会』（日本労働協会，1977）116頁）．

2）審査手続

（1）審査

　申立が行われると，労働委員会は，遅滞なく，調査を行い，審問を開始する．調査と審問の手続は，審査と呼ばれる．審査は会長が指揮するが（労委則35条2項），会長が指名する1〜2名の公益委員が審査委員として審査を担当する（労組法24条の2・4項）．労使の委員も各1名，参与委員として手続に参加する（労委則41条の2・5項）．

　審査手続では，当事者は，申請により会長の許可を受けて，弁護士等を代理人とすることができる（労委則35条4項）．補佐人を伴って出席することもできるとされている．不当労働行為事件は，本来，団体交渉という人と人との話し合いで運営すべき集団的労使関係が抑れたことによるものであることを考慮するならば，当事者が審査手続を代理人に委ねることを認めることは，不当労働行為救済制度自体の趣旨にも反するものと言わざるを得ず，立法論としては，届出制による補佐人の同行に止めるべきものと解される．

（2）調査

　調査は，審問の準備のためのものであり，当事者の主張や立証方法を明らかにし，争点や証拠の整理をし，審査計画を立てるための手続である．非公開で行われ，傍聴も認められない．綿密な審査計画を作ることにより，適正かつ迅速な審査が期待できることになるが，審査計画の作成に手間取って，かえって迅速の要請に反することになることもあり，タイムマネジメントに気を遣う必要がある．

　調査では，「申立書」や被申立人提出の「答弁書」，それらを補足したり，相手方の主張に対する自己の主張を記述する「準備書面」の確認と質疑，提出された書証の認否が行われる．

　調査により両当事者の主張や争点が整理され，主張事実を裏付ける証拠の準備が整うと，それに基づいて審問のスケジュールなどを定めた審問計画が立案され，調査は終了し，審問に進むことになる．

（3）審　問

　審問は，両当事者が出席し，労使の参与委員も立ち会いの下で行われる．公開で行われ，一般の傍聴も認められている．審問では，必要に応じて書証の吟味も行われるが，書証の大半は調査の段階で提出されていることから，証人や当事者への尋問が中心となる．

　証人尋問は，その証人を申請した当事者がまず行う「主尋問」に始まり，次に相手方当事者による「反対尋問」，そして審査委員や参与委員による「補充尋問」と進むのが通常である．冒頭では，証人を確認するための「人定尋問」も行われ，証人は，その陳述内容の真正さを担保させるために，陳述に先立って宣誓することが求められている（労組法27条の8・1項）．

　命令を発することができる段階に達したと認められるときは，当事者に，最後陳述の機会を与えて，審問は終結することになる（労委則41条の8）．

（4）和　解

　審査の途中で和解が可能と判断されるときは，和解のための作業を斡旋の作業と同じような形で試みることもあり，実際のところは和解による解決が，例年，全体の5割を超えている．2020（令和2）年の民間企業の初審終結事件では53.2％となっている（「令和2年における労働委員会取扱事件の概況」38頁）．

　労働組合と使用者は，「離婚できない夫婦」のようなものであり，命令という白黒決着には本来適合しない関係であり，紛争の実質的解決や労使関係の修復を導く可能性が高いものとなる和解は，不当労働行為救済手続においても，労働争議調整手続に負けず劣らず目指すべきものとなる（菅野和夫『労働法〔第12版〕』1089頁や大内伸哉「労働委員会はどうあるべきか」中央労働時報1210号（2016）22〜23頁）．

　ただし，ベストな解決とも言うことのできる和解を目指すあまり，和解の作業に時間を多く費やし，その結果，審査が遅延し，命令・決定による終結までに，非常に多くの日数をかけてしまう危険性があることに留意する必要がある．

3）　合議と命令

（1）　合議と命令

　命令を決定するため，公益委員が全員参加する非公開の公益委員会議が開催され，参与委員として手続に参加した労使の委員の意見を聴いた上で，合議が行なわれる（労組法27条の12・2項，労委則42条1〜3項）．

　合議では，事実の認定が行われ，それに基づいて，不当労働行為が成立すると認められる場合には，申立人の請求にかかる救済の全部ないしは一部を認容する救済命令を発する．不当労働行為が成立すると認められない場合には，申立を棄却する命令を発する（労組法27条の12・1項，労委則43条1項）．命令は，命令交付の日から効力を生じる（労組法27条の12・4項）．

　当事者が独自に和解に至ったときや，労働委員会が関与して和解した場合には，和解の認定又は申立の取下げにより事件は終結する．申立人の主張する事実が不当労働行為に該当しないことが明らかな場合や，申立期間を過ぎていた場合等のときは，却下する．

（2）　救済命令の内容に関する労働委員会の裁量権限

　救済命令の内容は，事案により異なるものとなるが，いかなる内容の救済命令を発するかは，労働委員会の裁量に委ねられていると解されている．最高裁の第二鳩タクシー事件判決（最大判昭52・2・23民集31巻1号93頁）も，「労使関係について専門的知識経験を有する労働委員会に対し，その裁量により，個々の事案に応じた適切な是正措置を決定し，これを命ずる権限をゆだね」た，と述べている．

（3）　救済命令の具体例

　「不利益取扱たる解雇」が行われた場合には，原職復帰，すなわち，不利益取扱が行われる以前の地位への復帰や，バック・ペイの支払い，すなわち，不利益取扱が行われなければ得ていたであろう賃金相当額の遡及支払いなどを命じる命令となる．

　「賃金差別」が行われた場合には，差別がなければ得られたであろう賃金相当額の救済を命じる命令となる．

　「団体交渉拒否」が行われた場合には，一定の事項について誠実に交渉せよという趣旨の命令となる．

　「支配介入」が行われた場合には，一定の支配介入行為を禁止する命令となり，併せて，ポスト・ノーティス，すなわち，今後同様の支配介入行為を行わない旨の文書を事業場内に掲げることを命じる命令が発せられることもある．

4）　初審（都道府県労委）の取扱件数と終結状況等
（1）　初審における申立の概況

　2020（令和2）年の初審における取扱事件数は，前年からの繰越が502件，新規申立が280件となっている．下記に，初期から最近10年の新規申立事件数の推移を示した（「令和2年における労働委員会取扱事件の概況」38頁及び全国労働委員会連絡協議会事務局編『労働委員会七十年の歩み』534〜535頁）．

表7-3　初期から最近10年の新規申立事件数の推移

1950	1960	1970	1980	1990	2000	2010	2011	
526	392	1483	778	274	384	381	376	
2012	2013	2014	2015	2016	2017	2018	2019	2020
354	365	371	347	303	300	298	245	280

（2）　初審における終結の概況

　2020（令和2）年の初審における終結件数は245件であり，和解によるものが129件（関与和解が87件，無関与和解が42件），取下げによるものが28件，命令によるものが82件，却下決定によるものが5件となっている．命令においては，全部救済が27件，一部救済が31件，棄却が24件となっている．

　平均処理日数は，命令・決定が667日，取下げ・和解が298日，総平均で430日と，非常に時間のかかるものとなっている．次頁に，初期から最近10年の初審の平均処理日数（総平均）を示した（「令和2年における労働委員会

表7-4　初期から最近10年の初審の平均処理日数

（総平均，単位：日）

1965	1975	1985	1995	2005	2010	2011	2012
206	425	762	827	862	420	564	403

2013	2014	2015	2016	2017	2018	2019	2020
490	375	417	429	414	418	454	430

取扱事件の概況」38頁及び全国労働委員会連絡協議会事務局編『労働委員会七十年の歩み』534～535頁）．

（3）　初審命令・決定に対する不服状況

2020（令和2）年に交付された初審命令・決定に対する不服状況は，命令・決定書数85件のうち，労働者側から再審査申立があり使用者側から行政訴訟の提起がされた1件の外，再審査申立は46件となっており，労使双方から14件，労働者側から14件，使用者側から18件となっている．行政訴訟提起は，労働者側から2件，使用者側から5件となっている．

不服申立件数は合計54件で，和解のための歩み寄りが見られない末の命令・決定という面もあり，不服率は63.5％と非常に高いものとなっている．下記に，最近10年の初審命令・決定に対する不服率を示した（「令和2年における労働委員会取扱い事件の概況」38頁及び中央労働委員会HP『年報概要平成30年（抄）』（2019）11頁，中央労働委員会HP『年報概要平成25年（抄）』（2014）11頁．

表7-5　最近10年の初審命令・決定に対する不服率

（単位：％）

2011	2012	2013	2014	2015	2016	2017	2018	2019	2020
71.3	70.9	77.2	62.4	60.6	63.6	67.6	72.7	76.2	63.5

5）　不当労働行為救済手続における和解による終結事例

[**事案の概要**] A労組（申立人）は，申し入れた4つの事項，① 正職員の賃金・準職員の給料改善，② 準職員の前歴換算，③ 調理員の人員体制，④ 人事異動の配慮に関して，B事業団（被申立人）が自己の主張に固執することなく，誠意をもっ

て団体交渉に応じることを求めて，T県労働委員会に，平成○年3月15日に，救済申立を行った．

［審査経過の概要］ まず，平成○年4月8日に，双方に対する事務局調査が行われた．続いて，同年5月2日，5月16日，6月23日に，委員による調査が3回行われ，審査計画が策定されるとともに，6月23日には第1回和解期日も行われた．審査計画に基づいて，同年7月6日，8月4日に，証人尋問等の審問が2回行われ，最後陳述を経て結審するとともに，8月4日には第2回和解期日も行われた．そして，同年8月23日，9月1日，9月14日に，第3～5回和解期日が行われたが，第5回和解期日において，A労組とB事業団との間において和解協定（①A労組とB事業団は，労働協約全般について見直し，改定に向けて，平成○年末を目途に精力的に団体交渉を行い，妥結成立を図ること．②平成○年末までにA労組とB事業団において妥結成立できなかった場合は，労働協約第11条の規定に基づき，T県労働委員会に調停を申請し，解決を図ること．）が締結されるとともに，労働組合法第27条の14第2項に基づく和解認定が申し立てられた．これを受けた審査委員会議において，当該和解が所定の要件を満たすものと判断されたことから，審査手続は終了するところとなった．労働組合法第27条の18の規定に基づくT県労働委員会の不当労働行為救済申立事件に関する審査の期間の目標は10カ月（約300日）であるが，本事例では，平成○年3月15日に救済申立が行われ，同年9月14日に和解認定により終結しており，処理に要したのは184日と，目標を達成するものとなっている（鳥取県労働委員会事務局『平成23年版鳥取県労働委員会年報』（2012）22～24頁）．

6）　再審査（中労委）の手続
（1）　再審査の申立と再審査の手続
　都道府県労働委員会の救済命令，ないしは棄却命令に不服のある使用者又は労働者もしくは労働組合は，命令の交付を受けたときから15日以内に，中央労働委員会に，再審査の申立ができる（労組法27条の15）．

　再審査の手続には，その性質に反しない限り，初審の手続が準用されており（労組法27条の17，労委則56条 1 項），初審と同様の調査，審問，合議，和解，命令等の手続によって行われる．

（2）　再審査の申立に対する中央労働委員会の権限

　再審査の申立がなされた場合には，中央労働委員会は，都道府県労働委員会の処分を取消し，承認し，あるいは変更する完全な権限を有するものとされている．また，自己のなした処分に対する再審査の申立を却下することもできる（労組法25条 2 項）．

　そこで，中央労働委員会は，再審査の結果，その申立に理由がないと認めたときはこれを棄却し，理由があると認めたときは，申立てられた不服の限度において，都道府県労働委員会の処分を取り消し，これに代わる命令を発することができる（労委則55条 1 項但書）．

（3）　再審査の申立の効果

　再審査の申立が行われても，都道府県労働委員会の命令には影響を及ぼさない．中央労働委員会が，独自の立場から，審査を行い，事実の認定に基づいて，都道府県労働委員会の当該命令を取り消し，ないしは変更したときに，当該命令は，その効力を失うことになる（労組法27条の15・ 1 項但書）．

7）　再審査の取扱件数と終結状況

（1）　再審査における申立の概況

　2020（令和 2 ）年の再審査における取扱事件数は，前年からの繰越が109件，新規申立が62件（労働者側申立が29件，使用者側申立が33件）となっている．次頁に，初期から最近10年の新規申立事件数の推移を示した（「令和 2 年における労働委員会取扱事件の概況」39頁及び全国労働委員会連絡協議会事務局編『労働委員会七十年の歩み』534〜535頁）．

（2）　再審査における終結の概況

　2020（令和 2 ）年の再審査における終結件数は40件であり，取下・和解によるものが23件，命令・決定によるものが17件となっている．命令にお

表7-6　初期から最近10年の新規申立事件数の推移

1950	1960	1970	1980	1990	2000	2010	2011
65	18	82	84	82	64	68	88

2012	2013	2014	2015	2016	2017	2018	2019	2020
75	94	60	60	76	62	64	74	62

いては，初審支持が10件，一部変更が4件，全部変更が3件，却下決定が0件となっている．

　平均処理日数は，命令・決定が689日，取下・和解が263日，総平均で444日と，非常に時間のかかるものとなっている．下記に，初期から最近10年の再審査の平均処理日数（総平均）の推移を示した（「令和2年における労働委員会取扱事件の概況」39頁及び全国労働委員会連絡協議会事務局編『労働委員会七十年の歩み』534～535頁）．

表7-7　初期から最近10年の再審査の平均処理日数

（総平均，単位：日）

1965	1975	1985	1995	2005	2010	2011
323	489	1083	1222	1212	1159	785

2012	2013	2014	2015	2016	2017	2018	2019	2020
856	532	468	621	621	522	447	615	444

（3）　初審の命令・決定から再審査の命令・決定に至った事件の平均処理日数

　都道府県労働委員会から中央労働委員会まで徹底的に争われた事件に要する大まかな時間を確認するために，初審における命令・決定と再審査における命令・決定の平均処理日数を単純に足してみると，2020（令和2）年では，1356日という3年8カ月を超える異常な長さとなる．不当労働行為事件においては，当事者が和解することなく徹底的に争うことになると，労働委員会の段階だけでも，まったくスピード感の無い世界に引きずり込まれることになる．

　不当労働行為事件の審査に関しては，その迅速化を図るため，2004（平成16）年の労働組合法の改正（平16法140）により審査手続が大幅に改められ（2005年1月1日に施行），「審査計画の作成」（労組法27条の6），すなわち，審問開始前に調査手続において整理された争点や審問において調べるべき証拠や審問回数，命令書交付予定時期等を記載した審問計画を作成することと，「審査期間の設定」（労組法27条の18），すなわち，審査の期間の目標を定めるとともに，その達成を図るため，目標の達成状況その他の審査の実施状況を公表することなどが定められた．その結果，初審及び再審査ともにそのピーク時よりほぼ半減し，労働組合法の改正の意図通りの効果は顕著にみられたものの，2020（令和2）年の平均処理日数の総平均でも，初審と再審査の合計は874日と2年5カ月近くもの年月を要するものとなっている．

4　取 消 訴 訟（行政訴訟）

1）取 消 訴 訟

　労働委員会の命令や決定に対して不服のある当事者は，裁判所に対して，命令取消の行政訴訟を提起することができる（行訴法9条1項）．これを，取消訴訟ないし行政訴訟と呼んでいる．

（1）使用者による取消訴訟

　使用者が，都道府県労働委員会の命令について，中央労働委員会に再審査の申立をしないとき，または，中央労働委員会の命令に不服なときは，当該命令交付のときから30日以内に，都道府県労働委員会命令については都道府県を被告として，中央労働委員会命令については国を被告として，当該命令の取消しの訴を提起することができる（労組法27条の19・1項）．

　使用者による取消訴訟に関しては，その提起により救済が遅延するおそれがあることから，救済命令の実効性を確保するために，命令を発した労働委員会が，受訴裁判所に対して，使用者に対し判決の確定まで当該救済命令の全部または一部に従うべきことを命じる「緊急命令」の申立ができ

る（労組法27条の20，労委規47条）．

（2）　労働組合又は労働者による取消訴訟

労働組合又は労働者の場合には，都道府県労働委員会の命令又は中央労働委員会の処分に対して，あるいは，中央労働委員会の命令が出た後は，当該命令に対してのみ，当該命令・処分があったことを知った日から6カ月以内に，当該命令・処分取消しの訴を提起することができる（行訴法14条1項）．

（3）　補助参加ないし訴訟参加の制度

取消訴訟において，使用者が原告の場合には，その相手方である労働組合ないし労働者，また，労働組合ないし労働者が原告の場合には，その相手方である使用者は，命令の維持ないし取消しに直接利害関係を有することになるので，取消訴訟に補助参加（民訴法42条，行訴法7条）ないしは訴訟参加（行訴法22条）することが認められている．これらの制度により，ほとんどの場合，原告の相手方は取消訴訟に参加し，主張，立証活動を行うことになる（宮里邦雄『不当労働行為と救済──労使関係のルール──』（旬報社，2016）140頁）．

2）　取消訴訟における判決とその後の処理

（1）　取消訴訟における取消判決の効果

取消判決が下されると，労働委員会を拘束することになる（行訴法33条1項）．「都道府県労働委員会の救済命令」や「都道府県労働委員会の棄却命令・却下決定を取消し救済を命じた中央労働委員会の命令」，「都道府県労働委員会の救済命令に対する再審査申立を棄却した中央労働委員会の命令」について，不当労働行為が成立しないことを理由として，取消判決が確定すると，当該命令の効力は失われ，労働委員会において改めてその旨の命令を発する必要はないと解されている（山川隆一『労働紛争処理法』（弘文堂，2012）128～129頁）．

「都道府県労働委員会の棄却命令」や「都道府県労働委員会の棄却命令

に対する再審査申立を棄却した中央労働委員会の命令」,「都道府県労働委員会の救済命令を取り消した中央労働委員会の命令」について, 不当労働行為が成立するという理由により, 取消判決が確定すると, 労働委員会は, 改めて判決の趣旨に従った内容の命令を発しなければならないことになる（行訴法33条 2 項）. その場合には, 労働委員会は, 公益委員会議で, 当該事件の審査の再開を決定し, 審査再開決定書を当事者に交付し（労委則48条 1 ～ 2 項）, これにより不当労働行為事件の審理が再開されることになる.

（2）　取消訴訟における請求棄却判決の効果

取消訴訟において請求棄却判決が下され救済命令が支持された場合には, 当事者は救済命令に従う義務が生じる. 判決が確定した場合に当該命令に関する違反があったときは,「その行為をした者」については, 1 年以下の禁固もしくは100万円以下の罰金のいずれか, あるいはこれらの禁固・罰金の両方が科せられる（労組法28条）. 処罰対象は「使用者」を想定しているものではなく, 現実に命令違反の行為をした者（自然人）と解されている（東京大学労働法研究会『注釈労働組合法下巻』（有斐閣, 1982）1091～1093頁. 水町勇一郎『詳解労働法第 2 版』（東京大学出版会, 2021）1253頁は,「現実にその権限・責任を持つ自然人である実行行為者」と表現する）.

確定判決により支持された救済命令に関する違反がある場合, 検察官に公訴の提起を促すために, 労働委員会の会長は, 公益委員会議の決定により, 遅滞なく違反の事実を通知することになる（労委則50条 2 項・56条 1 項）.

3）　取消訴訟事件の提起及び終結状況

（1）　都道府県労働委員会関係の取消訴訟事件の提起及び終結状況

2020（令和 2 ）年の都道府県労働委員会関係においては, 第 1 審では, 前年からの繰越が 6 件, 新規提起が 8 件で, 14件が係属し, 取下・和解が 2 件, 判決・決定が 1 件の 3 件が終結した. 控訴審では, 前年からの繰越が 3 件, 新規提起が 2 件で, 5 件が係属し, 取下・和解が 0 件, 判決・決定が 4 件の 4 件が終結した.

　上告事件では，前年からの繰越が２件，新規提起が０件で，２件が係属し，取下・和解が０件，判決・決定が２件の２件が終結した．上告受理申立事件では，前年からの繰越が１件，新規提起が２件で，３件が係属し，取下・和解が０件，判決・決定により３件の３件が終結した（「令和２年における労働委員会取扱事件の概況」40頁）．

（2）　中央労働委員会関係の取消訴訟事件の提起及び終結状況

　中央労働委員会関係においては，第１審では，前年からの繰越が13件，新規提起が６件で，19件が係属し，取下・和解が２件，判決・決定が４件の６件が終結した．控訴審では，前年からの繰越が２件，新規提起が２件で，４件が係属し，取下・和解が０件，判決・決定で３件の３件が終結した．

　上告事件では，新規提起が３件係属し，判決・決定で１件が終結した．上告受理申立事件では，前年からの繰越しが１件，新規提起が３件で，４件が係属し，判決・決定により２件が終結した（「令和２年における労働委員会取扱事件の概況」40頁）．

4）　不当労働行為事件の取消訴訟への社会保険労務士の関与

　2014（平成26）年の社会保険労務士法第８次改正（平成26法116号）により，労働関係法規に詳しい唯一の国家資格者である社会保険労務士は，裁判所の訴訟手続においては，補佐人として，訴訟代理人である弁護士とともに出廷して，意見陳述ができるものとされている（社労士法２条の２）．

　不当労働行為事件の取消訴訟における補佐人としての重要な役割を念頭に置くと，社会保険労務士は，団体交渉等，集団的労使関係の運営に関しても密接に関与し，憲法28条の趣旨に適った労使関係の運営を支援する責務が課せられているということができる（拙稿「日本の労使紛争処理制度における社会保険労務士の存在意義」松山大学総合研究所所報106号（2019）14頁）．

5）　不当労働行為事件の終結に要する長い時間

（1）　「五審制」という永遠の課題

　不当労働行為事件において，都道府県労働委員会の命令に対して中央労働委員会に再審査申立が行われ，中央労働委員会により命令が下されるまででも長い年月が費やされる．さらに，中央労働委員会の命令が最高裁判所まで争われると，時間の感覚が全く別次元の世界に迷い込んだかのようになる．

　労働委員会において 2 度の審査を受け，さらに取消訴訟においても特段の取扱いなく三審制に従うことから非常に時間を要し，「五審制」として古くから問題視され，改善策としての審級省略のための具体的な案も多く出されてきた．しかし，2004（平成16）年の労働組合法の改正（平16法140）による迅速化のための審査手続の改善が功を奏して労働委員会の段階での時間短縮がそれなりに進んだことにより風化したのか，集団的労使関係の正常化をはかるという迅速性が必須であるはずの不当労働行為制度そのものの存在意義を揺るがす課題であり（「五審制」について，西谷敏『労働組合法〔第 3 版〕』228頁は「命令の確定を著しく遅延させ，簡易迅速な救済という不当労働行為制度の基本的趣旨に背馳する結果となるのは明らかである」と述べる），労働委員会の段階でいまだに長い年月を要しているにもかかわらず，関係者の間でもあまり真剣に取り上げられない問題となっている．

（2）　中央労働委員会の再審査を経て最高裁判決に至った事件の例

　審査の迅速化を図るための労働組合法の改正（平16法140）の施行（2005年 1 月 1 日）後間もない2005（平成17）年 1 月27日に，大阪府労働委員会に申立のあった，住宅設備機器の修理の業務を委託された技術者の労働組合法上の労働者性が争われたINAXメンテナンス事件では，2006（平成18）年 7 月21日に救済命令が下された．同年 8 月 2 日に再審査の申立が行われ，2007（平成19）年10月 3 日に棄却命令が下された．

　中央労働委員会の棄却命令の取消を求める取消訴訟が東京地裁に提起され，2009（平成21）年 4 月22日に請求を棄却する判決が下された（東京地判

平21・4・22労判982号17頁）．控訴審の東京高裁は，同年9月16日に原判決を取り消し，中央労働委員会の棄却命令を取り消した（東京高判平21・9・16労判989号12頁）．そこで，中央労働委員会が上告及び上告受理申立を行ったところ，上告受理申立決定がなされ，2011（平成23）年4月12日に，原判決を破棄自判し，使用者の控訴を棄却する判決が下され，事件は終結となった（最三小判平23・4・12労判1026号27頁）．

　この事件では，初審と再審査においてともに命令・決定となったときの平均処理日数と比べるとかなり迅速に手続が進んだが，それでも都道府県労働委員会への申立から最高裁判所の判決により終結するまでに，実に，6年と2カ月以上の歳月を要している．

　INAXメンテナンス事件におけるような労働者性や使用者性の有無という争点は，救済手続の入り口に関する，労使双方にとって決定的な意義を有するものであり，容易に和解には至らず，膨大な時間や費用，労力を強いられる紛争となることは必至である．

第Ⅳ部　日本の労使紛争処理制度の展望

第8章　日本の労使紛争処理制度の再構築案

第1節　再構築に関する議論への期待と労使紛争処理制度の基本型

1　日本の労使紛争処理制度の再構築に関する議論への期待

　前章までにおいて確認された日本の労使紛争処理制度の現状から浮かび上がった課題と，筆者が制度に実際に関わった現場での経験を踏まえて，労使紛争処理制度のあるべき基本型を示した上で，ADRの改編を中心に，筆者なりの再構築のための案を以下に示すことにする．

　かなり大胆な内容を含むものであり，容易に実現するものとは微塵も思うものではないが，その実現が困難であることを十分に認識しているが故に，まずは再構築に向けての議論がスタートすることを切に期待するものである．

2　労使紛争処理制度の基本型
1）　適正，妥当な解決を導く制度

　労使紛争処理制度としては，当然のことながら，労働関係法規の理念に適った，適正，妥当な解決を導く制度である必要がある．

　そのためには，労働関係法規に関する専門性の高い委員と事務局職員が制度的に確保できるものであるとともに，労使の現場における経験が豊かな人も，委員として参加することが不可欠である．

　労使紛争処理制度において中心的役割を果たす委員については，ほとんどの制度において非常勤により担われている．その体制を維持するとする

ならば，事務局職員に関しても，高度の専門性が必要となる．そして，労使紛争処理制度を運営するすべての関係者の専門性の確認,維持のために，事前研修及び事後的継続的研修が必要となる．研修は，労働関係法規の知識だけではなく，紛争調整技法や精神医学，心理学等に関しても，その内容とする必要がある．

　また，適正な制度の運営を維持するとともに，その改善・向上につなげるためには，地域における労使紛争処理制度関係者の定期的会合も必要である．

2）　簡易，迅速，利用費用が無料ないしは低廉で，運営費用も低廉な制度

　労使紛争の当事者，とくに労使紛争を顕在化させることになることの多い労働者や，期せずして紛争を招いた使用者の立場を考慮するならば，制度の利用を妨げないように，可能な限り，簡易，迅速，そして利用費用が無料ないしは低廉であることが必須となる．とくに，ADRにおいては必要欠くべからざることであるが，民事訴訟等の裁判所の手続においても実現を目指すべきものである．

　また，公的費用負担を考慮するならば，制度の運営費用についても，低廉なものを目指すべきものとなる．

第2節　日本の労使紛争処理制度の再構築案

　現在の日本の労使紛争処理制度をベースとしながらも，前節の2で述べた基本型に近づく制度を大胆に構想すると，以下のようなものとなる．

1　厚生労働省による行政型ADRの一元的管轄

　労働関係法規の理念に適った，適正，妥当な解決を迅速に導く制度であることを実現するために，まず行政型ADRについては，一元的に対応する制度に再構築すべきである（山川隆一『労使紛争処理法』（弘文堂，2012）50

頁は，「国の制度である個別労働紛争解決促進制度と，地方自治体の制度である労政主管部局や労働委員会による相談やあっせんの制度が併存している点をどう考えるかも検討課題となりうる．……将来的には，行政における個別紛争解決機能の再編を含めたより根本的な検討を行うことも課題となるであろう」と述べる．また，野田進『労働紛争解決ファイル～実践から理論へ～』（労働開発研究会，2011）315頁は，「労働局あっせんと労働委員会あっせんは，ともに行政型ADRによる合意を基本とする調整的解決を実施しており，……両者はほとんど同じ仕事をしており，利用者から見てその違いは明確ではない．国と道府県の二重行政という非難を免れることはできず，制度経済を考えるならば，将来的には一方の機能を他方に移管するという課題が現実的に不可避のものと考えられよう」と述べる）．

　具体的には，厚生労働省の都道府県労働局が責任を持って管轄するものとすべきである．労使関係の安定を図るとともに，労働関係法規の実効性を高め，労働者の人格権と生存権を背後から支える労使紛争処理制度は，国の制度として中央集権を有効に機能させることにより，全国均一の手続で運営し，全国均一のサービスを提供すべきものであり，都道府県や地域により大きく異なり得ることを認めることは非常に困難であるからである．手続の開始から終結まで制度の運営に当たる事務局職員には，労働法に関する高度の専門性と労使関係に関する深い理解が必要であり，それには，採用から退職まで労働関係行政にのみ従事する事務官，労働基準監督官等の労働局職員が妥当し，それにより，制度の運営過程で生じる課題に対して迅速に対応することも可能となる．

　行政型ADRを一元化することにより，公的な労使紛争処理機関の運営に要する社会的費用の最効率化を図るとともに，労使紛争処理制度に関与する専門性の高い人的資源の効率的活用を実現することができる（現在，事件数の少ない県においても，労働審判官を務める裁判官を除いても，高度の専門性を要する委員として，労働審判委員会で10名，労働委員会で15名，労働局で6名が任命され，時間と費用を費やして研修を受けるべき存在となっている）．加えて，複線型システムによる利用者の混乱等による制度利用への障害を回避するこ

ともできる（西谷敏『労働法第3版』（日本評論社，2020）151頁は，「裁判以外の紛争解決制度について選択肢が多いことは，紛争解決の可能性を広げるとともに，当事者を混乱させる可能性もある」と述べる）．

　都道府県労働局は，個別労働紛争解決促進法の施行により，個別労働紛争の処理に本格的に乗り出し，全国津々浦々に張り巡らされた総合労働相談コーナーのネットワークを活用して，20年を超える年月において，必要な運用の改善を行いながら，総合的な個別労働紛争解決システムを有効に機能させて，労使紛争処理のワンストップ・サービスを実現させて，現在に至っている．とくにその中心となっている紛争調整委員会によるあっせんは，無料で，簡易，迅速に利用できるにもかかわらず，個別労働紛争の当事者に，比較的高い割合の解決をもたらしており，労働者個人においても，自己の権利を主張し，和解のための対等な交渉を実現していると評価できるものとなっており，日本における複線型の個別労働紛争処理制度において最多の申請受理件数を維持し，行政型ADRとして着実に定着してきている（拙稿「紛争調整委員会による個別労働紛争のあっせんの現状と課題」日本労働研究雑誌731号（2021）68頁）．

　労使紛争を抱えた当事者は，総合労働相談コーナーに直に行き着けなくとも，都道府県労働局やその配下にある地域の労働基準監督署や公共職業安定所に辿り着けば，総合労働相談コーナーに導かれることになり，労働相談を受け，必要に応じて，雇用環境・均等室や職業安定部が所管する，助言・指導やあっせん，調停制度を，無料で簡易に利用することができる．紛争当事者は，代理人や補佐人を必ずしも利用することなく，単独で，その権利を主張し，適正，妥当な内容の解決を迅速に得ることも可能となっており，労使双方にとってアクセスしやすく，利用価値の高い制度となっている．

　なお，とくに紛争調整委員会によるあっせんや調停制度に関しては，働き方改革関連法の本格的施行による新たな労務管理制度の運用等，想定されていた事態に加えて，コロナ禍による雇用情勢の急激な悪化や混乱から，

個別労働紛争のさらなる増加が予測され，今まで以上に多くの事件を処理
することが期待されている．第4章第2節の3で述べたように，個別的労
使紛争処理に特化した全国レベルの民間型ADRである社労士会労働紛争
解決センターのあっせんは，無料ないしは低廉な費用で利用できるものと
なっており，その労使紛争処理制度としての優位性を考慮するならば，紛
争調整委員会によるあっせんや調停の申立を受けた事件のうち，まずは比
較的少額の事案については，社労士会労働紛争解決センターに，労使紛争
処理業務の民間委託をすることも一考に値すると思われる（民間機関に対す
るあっせん委託が実施されている点が最大の特色と評価されている台湾の労使紛争解
決制度については，野田進『労働紛争解決ファイル～実践から理論へ～』165～181
頁）．

2　公労使の三者構成（労働委員会システム）を活用

　都道府県労働局が一元的に管轄するとしても，労使紛争を労使の現場に
おける常識を反映した公正，妥当な解決に，迅速に導くためには，労使の
現場にいる人や労使の現場における経験が豊かな人の参加が不可欠である
ことから，その基本的な仕組みは，労働委員会システムの特徴とされる公
労使の三者構成を活用するのが得策である．また，労使紛争は，個別的労
使紛争が集団的労使紛争に，また集団的労使紛争が個別的労使紛争に，容
易に変化するものである（鈴木信「『働く生活のサポート』めざす個別的労使紛争
解決システム」月刊労委労協2003年8月号64頁）ことを考慮すると，労使紛争は
いかなるものでも同一の窓口で対応するのが合理的なものとなる．2003（平
成15）年度から，東京都，兵庫県及び福岡県を除く44の道府県労働委員会
においては，すでにそのような体制をとっている（野田進「労働委員会制度
の再編に向けて――『労働委員会法』構想とその概要――」月刊労委労協2010年4月
号7頁は，「労働委員会の機能が，『顧客ニーズ』に対応して，すでに集団的労働紛争
の『専門店』から労働紛争の『総合デパート』へと展開している」と表現して
いる）．

　現在の労働局の体制をベースに考えると，具体的には，雇用環境・均等部（室）が，障害者雇用促進法等の職業安定部が管轄する制度も含めて，すべての労使紛争を所管し，労働紛争調整官や総合労働相談員を配置して，総合労働相談や，相談の延長としての簡易なあっせん（助言）を迅速に行うものとする．さらに進んで正式のあっせん以降の手続を行うのは，労働委員会の委員とし，独立の第三者委員会として，公労使三者構成の委員会を立ち上げ，労使委員は，各側の団体の推薦により選任し，公益委員については労使委員の同意を得て任命するものとする．現在の労働委員会の公益委員のような，専門性が必ずしも担保されていない選任方法は改めて，裁判官OBや弁護士等の法曹資格を有する者，社会保険労務士や労働法を専門とする大学教員，都道府県労働局や労働委員会事務局OB等から選任するものとする．

　事件の処理は，その内容により区別して，公序問題である差別事案を処理する雇用均等部と，差別問題を除く個別事件を処理する個別事件部，労働組合と使用者との事件を処理する集団事件部に分けて対応するものとする．あっせんでの処理を基本とし，差別問題や就業規則の不利益変更，集団事件等の重いものや当事者からの求めがあるものは，三者構成で，複数の期日で行うことを原則とする．その他の比較的軽易な個別事件は，迅速処理を優先して，現在の個別労働紛争解決促進法に基づくあっせん手続の運用と同様に，三者構成のチームに配点した上で，単独の公益委員で処理することを原則とする．

3　行政型ADRと労働審判制度との有機的連携

　強制的最終的決着力を有する民事訴訟が背後に控えていることで調停による高い和解成立率を実現している労働審判制度の経験を踏まえた上で，解決を有効に導くことのできる制度を構想するならば，個別的労使紛争に関しては，労働審判制度と同程度に，民事訴訟との有機的連携を図ることが必要と解される．しかし，実現可能性をも考慮するならば，限りなく民

事訴訟に近い司法型ADRである労働審判制度の利用には，原則として行政型ADRを経ることを要するとするシステムが現実的なものであろう（野田進「労働委員会制度の再編に向けて――『労働委員会法』構想とその概要――」3頁）．

　加えて，労使紛争当事者の利便性と，労使紛争処理システム全体の視点からの効率的運営を考えるならば，簡便性を減じることなく書式等を工夫することにより，行政型ADRの手続におけるやり取りを労働審判制度においても有効活用できる仕組みを整えるのが得策である．また，労働審判や民事訴訟に移行すると，審判・訴訟費用や代理人費用の負担が困難となる労働者が少なくないことを考慮するならば，労働者側の主張に相応の合理性が認められるときには，委員（会）の意見書により簡便に民事法律扶助の適用を受けることができる仕組みを整える必要がある．

4　集団的労使紛争に関しては労働関係調整法に基づく調整手続のみとする

　不当労働行為救済手続における長期の処理日数は，容易に解決できない構造的な問題となっており，加えて「五審制」という克服できない永遠の課題もあることからするならば，集団的労使紛争に関しては，労働関係調整法に基づく調整手続のみとするのが妥当である（道幸哲也「不当労働行為の審査はどうなるか――2004年労組法改正のめざしたもの――」労働法律旬報1591-92号（2005）74頁は，和解による調整的解決を重視する立場から，都道府県労委段階では，厳格な事実認定ではなく，紛争解決に向けた労委の一定程度の事実認識，法的評価の提示で十分であるとし，厳格な事実認定に基づく判定的処理は，中労委段階で行い，中労委命令に対してだけ司法審査を可能とする制度が適切であるとする）．

　現在の不当労働行為制度においては常に受け身の立場で手続を強制される使用者側においては，誠実な使用者ほど，恐怖とも言えるほどに長期にわたる対応を余儀なくされている．事案によっては，不当労働行為制度の存在自体が労使紛争の長期化を招いている可能性がある．実際に不当労

行為が行われるような労使関係においては，現行の不当労働行為審査体制により労働組合や労働者を迅速かつ有効に救済することは，非常に困難と言わざるを得ないのである（拙稿「労働委員会における労使紛争処理の現状と課題」松山大学総合研究所所報115号（2021）68〜69頁）．

あ と が き

　2000（平成12）年に愛媛に来てから，長い年月が過ぎました．松山大学
での採用面接のときからお世話になっていた瀬戸前料理小判道場が，昨年
末に店を閉めました．まさに無常感の極みで，多くの想い出の中の一コマ，
店主兵頭さんの3年前の満90歳の誕生日の10月24日に起きたことを記しま
す．5限目の4年生ゼミを終え，18時頃に店に入りました．一見客で混ん
でおり，手前カウンターの右から3番目の席に座りました．右側にいた2
人は，卒業旅行で来た東京の女子大生でしたが，すぐ隣の娘は，青森市出
身で，なんと青森高校OGでした．「東嶺岩木嶺八甲田山～」と校歌を口ず
さんで先輩であることを明かしたところ，彼女は，母校の英語教師となっ
ていた同級生の教え子であり，県会議員をしている同級生の息子の同級生
でもありました．私たちが青森の話で盛り上がっていると，少し離れたと
ころにいた政府系金融機関に勤める人から，昔，青森高校出身の上司に仕
えたことがある，と声がかかりました．その上司というのも同期であり，
祖父が県知事，父が新聞社社長で，文科系一番ともいえる秀才でした．40
代で病死していましたが，彼の社会人としての姿を知ることができました．
青森由来の話題で盛り上がっていたら，今度は，ビッグスターの登場です．
早くから来ていた大阪からの客が招いた豊山関が来店しました．翌日の松
山巡業のために来ていたようで，このときからは，かわるがわる記念写真
を撮る等，幕内人気力士を囲んで，店全体が大騒ぎ，大盛り上がりとなり
ました．二番町の小判道場があった所は，現在，駐車場になっています．
　まもなく満93歳になる兵頭さんは，軽自動車であちこち出かける等，今
もお元気にお過ごしです．コロナ禍が落ち着いたら，一緒に飲みに行くこ
とになっています．
　兵頭さんより5歳も若い私の母は，健やかに88歳の誕生日を迎えました．

　私は4月に満64歳となり，東京都職員を続けていたら，あと1年6カ月で再任用も終わる年齢となりました．満42歳で就いた現職は65歳定年で，プラス3年の2026（令和8）年3月まで再雇用が予定されています．まだ少し時間がかかるようですが，安全，安心な環境になるまで，しっかり元気に生き延びて，またどこかでお会いできることを楽しみにしております．

　2021年10月8日

村 田 毅 之

〒790-8578　松山市文京町4-2　松山大学法学部
089-926-7129（研究室）
E-mail：tymurata@g.matsuyama-u.ac.jp

《著者紹介》

村 田 毅 之（むらた　たかゆき）

1957年4月22日　青森県青森市生まれ
1976年　　　　青森県立青森高等学校卒業
1980年　　　　明治大学政治経済学部経済学科卒業
1980〜82年　　東京都職員（千代田区立永田町小学校事務主事）
1988年　　　　明治大学大学院法学研究科博士後期課程単位取得
1993〜00年　　明治大学法学部非常勤講師
2000〜06年　　松山大学法学部専任講師を経て助教授
2006年4月〜　松山大学法学部教授（12〜14年法学部長）
2011年4月〜　愛媛県労働委員会公益委員（16年5月〜会長）
2013年4月〜　愛媛労働局紛争調整委員会委員
2013年9月〜　社会保険労務士総合研究機構所長
2013年10月〜　愛媛地方労働審議会委員（21年11月〜会長）
2020年4月〜　松山大学大学院法学研究科長

主要著書

「紛争調整委員会による個別労働紛争のあっせんの現状と課題」日本労働研究
　雑誌731号（2021）60頁
「個別的労使紛争処理制度選択に際しての視点となる制度の特徴に関する一考
　察」松山大学論集32巻大学院法学研究科開設記念特別号（2021）241頁
「労働委員会における労使紛争処理の現状と課題」松山大学総合研究所所報115
　号（2021）
「日本の労使紛争処理制度の再構築案」法律論叢93巻4・5合併号（2021）287
　頁
『労働法の最前線——働き方改革の行方——』（晃洋書房，2020）
「社労士会労働紛争解決センターにおける個別的労使紛争処理——民間型労働
　関係ADRの成功例——」松山大学論集31巻7号（2020）119頁
「日本の労使紛争処理制度における社会保険労務士の存在意義」松山大学総合
　研究所所報106号（2019）

松山大学研究叢書　第110巻
日本の労使紛争処理制度——その現状と再構築案——

2022年1月30日　初版第1刷発行　　＊定価はカバーに
　　　　　　　　　　　　　　　　　表示してあります

著　者　村　田　毅　之©

発行者　萩　原　淳　平

印刷者　河　野　俊一郎

発行所　株式会社　晃　洋　書　房
〒615-0026　京都市右京区西院北矢掛町7番地
電話　075(312)0788番（代）
振替口座　01040-6-32280

印刷・製本　西濃印刷㈱

ISBN 978-4-7710-3574-4